英文徹底解読

スティーブ・ジョブズのスタンフォード大学卒業式講演

畠山雄二
YUJI HATAKEYAMA

ベレ出版

まえがき

スティーブ・ジョブズといえばミニマリズムである。余分なものをすべて削ぎ落とし、本当に必要なもののみを残している。アップルの製品ひとつとっても、ありとあらゆるところにミニマリズムの精神を垣間見ることができる。このミニマリズムは禅の精神でもある。

ジョブズの話すことばもミニマリズムそのものである。プレゼンにしても話すことば１つ１つが十分に吟味されている。余分なことばはいっさいない。プレゼンのとき以上にことばを選び、ことばの力だけで自分自身を全力でプレゼンしたことがジョブズには１度だけある。スタンフォード大学の卒業式でのスピーチだ。

私は授業でジョブズのスピーチを扱うことがある。学生のなかには「あー、高校の時ちょっとやったあれかー」という軽い気持ちで授業にのぞむものもいる。しかし、授業が進むにつれ、「なんか俺の知っている話と違う……」となる。

高校でジョブズのスピーチに触れたとはいうものの、ほんの一部しか扱われていなかったりする。そのようなこともあり、かつてジョブズのスピーチに触れたという学生のほとんどがジョブズを誤解している。そしてジョブズのメッセージをちゃんと受けとれていなかったりする。

授業でジョブズが実際何を伝えたかったのかわかるにつれ、学生の顔つきが次第に変わってくる。なかには目に涙をためている学生もいる。かくいう私も目頭が熱くなりことばに詰まることがある。それぐらいスタンフォード大学でのジョブズのスピーチはすごい。でも、ほとんどの人があのスピーチをわかったつもりになっているだけだったりする。ジョブズに関する背景知識がなかったり英語がちゃんと読めてなかったりするからだ。

ジョブズのスピーチ原稿は、ジョブズの背景をある程度知った上で、しかも英文法の知識を駆使してちゃんと読むと、文字通り頭をレンガで殴られたような衝撃を受ける。どの世代の人が読んでも襟元を正され、そして自分は何のために生きているのか、そしてこれからどう生きるべきなのか真剣に考えさせられる。

挫折して立ち直れない人、何かにチャレンジしようと思っているけどなかなか最初の一歩が踏み出せない人、「俺、人生やり直そうかな……」と思っている人、「私、人生やり直せるかな……」と思っている人、そんな人に生きる目標と生きる意義と意味を与えてくれるもの、それがスタンフォード大学の卒業式でのジョブズのスピーチである。

ジョブズのスピーチ原稿を読むと、私はいつも禅僧からお話を伺っている気分になる。私にとってジョブズのことばは禅語である。生きる道標となることばである。

ストレスに押しつぶされそうな現代人に必要なのが禅の教えであるならば、どう生きたらいいのか思い悩む現代人に必要なもの、それが禅語としてのジョブズのスピーチであるともいえる。

本書からスティーブ・ジョブズの本当の姿を知ってほしい。そして、ジョブズの生き様から「私たちは何のために生まれてきて、そしてどう生きていったらいいのか」についてあらためて考えてほしい。幸せに生きるためにも、そして最期に笑って逝けるためにも、今こそジョブズのスピーチから「生きるとは何か」について学んでほしい。

畠山雄二

英文徹底解読　スティーブ・ジョブズのスタンフォード大学卒業式講演

目次

スピーチの映像を見てみましょう

2005年6月12日に行われた、このジョブズのスピーチの映像を見てみましょう。

スタンフォード大学のサイトへのリンクが、ベレ出版ホームページ内の本書の詳細ページにあります。

① ベレ出版ホームページ www.beret.co.jp へ

② ホームページ内の検索欄から『英文徹底解読　スティーブ・ジョブズのスタンフォード・大学卒業式講演』の詳細ページへ

③ 内容紹介にリンクが貼ってあります。

Steve Jobs' Convocation Speech（Stanford）
http://news.stanford.edu/news/2005/june15/jobs-061505.html

サイト上のこのリンクをクリックすると、スタンフォード大学のホームページ内、講演の映像のあるページに行けます。
また、このアドレスを入力すれば直接アクセスすることができます。

映像で会場の雰囲気とともにスティーブ・ジョブズのスピーチを味わってください。本書を読む前と後では、印象が違ってくるはずです。

Steve Jobs' Convocation Speech
(Stanford)

Thank you.

I'm honored to be with you today for your commencement from one of the finest universities in the world. Truth be told, I never graduated from college, and this is the closest I've ever gotten to a college graduation. Today, I want to tell you three stories from my life. That's it. No big deal. Just three stories.

The first story is about connecting the dots. I dropped out of Reed College after the first six months, but then stayed around as a drop-in for another 18 months or so before I really quit. So why did I drop out?

It started before I was born. My biological mother was a young, unwed graduate student, and she decided to put me up for adoption. She felt very strongly that I should be adopted by college graduates, so everything was all set for me to be adopted at birth by a lawyer and his wife except that when I popped out they decided at the last minute that they really wanted a girl.

So my parents, who were on a waiting list, got a call in the middle of the night asking, "We've got an unexpected baby boy; Do you want him?" They said, "Of course." My biological mother found out later that my mother had never graduated from college and that my father had never graduated from high school. She refused to sign the final adoption papers. She only relented a few months later when my parents promised that I would go to college. This was the start in my life.

And 17 years later I did go to college. But I naively chose a college that was almost as expensive as Stanford, and all of my working-class parents' savings were being spent on my college tuition. After six months, I couldn't see the value in it. I had no idea what I wanted to do with my life and no idea how college was going to help me figure it out. And here I was spending all of the money my parents had saved their entire life.

So I decided to drop out and trust that it would all work out okay. It was pretty scary at the time, but looking back it was one of the best decisions I ever made. The minute I dropped out I could stop taking the required classes that didn't interest me, and begin dropping in on the ones that looked far more interesting.

It wasn't all romantic. I didn't have a dorm room, so I slept on the floor in friends' rooms. I returned coke bottles for the five cent deposits to buy food with, and I would walk the seven miles across town every Sunday night to get one good meal a week at the Hare Krishna temple. I loved it. And much of what I stumbled into by following my curiosity and intuition turned out to be priceless later on.

Let me give you one example:

Reed College at that time offered perhaps the best calligraphy instruction in the country. Throughout the campus every poster, every label on every drawer, was beautifully hand calligraphed. Because I had dropped out and didn't have to take the normal classes, I decided to take a calligraphy class to learn how to do this. I learned about serif and san serif typefaces, about varying the amount of space between different letter combinations, about what makes great typography great. It was beautiful, historical, artistically subtle in a way that science can't capture, and I found it fascinating.

None of this had even a hope of any practical application in my life. But ten years later, when we were designing the first Macintosh computer, it all came back to me. And we designed it all into the Mac. It was the first computer with beautiful typography. If I had never dropped in on that single course in college, the "Mac" would have never had multiple typefaces or proportionally spaced fonts. And since Windows just copied the Mac, it's likely that no personal computer would have them. If I had never dropped out, I would have never dropped in on that calligraphy class, and personal computers might not have the wonderful typography that they do. Of course it was impossible to connect the dots looking forward when I was in college. But it was very, very clear looking backwards 10 years later.

Again, you can't connect the dots looking forward; you can only connect them looking backwards. So you have to trust that the dots will somehow connect in your future. You have to trust in something your gut, destiny, life, karma, whatever because believing that the dots will connect down the road will give you the confidence to follow your heart, even when it leads you off the wellworn path, and that will make all the difference.

My second story is about love and loss.

I was lucky I found what I loved to do early in life. Woz and I started *Apple* in my parents' garage when I was 20. We worked hard, and in 10 years Apple had grown from just the two of us in a garage into a two billion dollar company with over 4000 employees. We'd just released our finest creation the Macintosh a year earlier, and I had just turned 30.

And then I got fired. How can you get fired from a company you started? Well, as Apple grew we hired someone who I thought was very talented to run the company with me, and for the first year or so things went well. But then our visions of the future began to diverge and eventually we had a falling out. When we did, our Board of Directors sided with him. And so at 30, I was out. And very publicly out. What had been the focus of my entire adult life was gone, and it was devastating.

I really didn't know what to do for a few months. I felt that I had let the previous generation of entrepreneurs down — that I had dropped the baton as it was being passed to me. I met with David Packard and Bob Noyce and tried to apologize for screwing up so badly. I was a very public failure, and I even thought about running away from the valley. But something slowly began to dawn on me: I still loved what I did. The turn of events at Apple had not changed that one bit. I had been rejected, but I was still in love. And so I decided to start over.

I didn't see it then, but it turned out that getting fired from Apple was the best thing that could have ever happened to me. The heaviness of being successful was replaced by the lightness of being a beginner again, less sure about everything. It freed me to enter one of the most creative periods of my life.

During the next five years, I started a company named NeXT; another company named Pixar, and fell in love with an amazing woman who would become my wife. Pixar went on to create the world's first computer animated feature film, *Toy Story,* and is now the most successful animation studio in the world. In a remarkable turn of events, Apple bought NeXT, and I returned to Apple, and the technology we developed at NeXT is at the heart of Apple's current renaissance. And Laurene and I have a wonderful family together.

I'm pretty sure none of this would have happened if I hadn't been fired from Apple. It was awful tasting medicine, but I guess the patient needed it. Sometime life sometimes life's going to hit you in the head with a brick. Don't lose faith. I'm convinced that the only thing that kept me going was that I loved what I did. You've got to find what you love.

And that is as true for work as it is for your lovers. Your work is going to fill a large part of your life, and the only way to be truly satisfied is to do what you believe is great work. And the only way to do great work is to love what you do. If you haven't found it yet, keep looking and—don't settle. As with all matters of the heart, you'll know when you find it. And like any great relationship, it just gets better and better as the years roll on. So keep looking don't settle.

My third story is about death.

When I was 17, I read a quote that went something like: "If you live each day as if it was your last, someday you'll most certainly be right." It made an impression on me, and since then, for the past 33 years, I've looked in the mirror every morning and asked myself: "If today were the last day of my life, would I want to do what I am about to do today?" And whenever the answer has been "No" for too many days in a row, I know I need to change something.

Remembering that I'll be dead soon is the most important tool I've ever encountered to help me make the big choices in life. Because almost everything all external expectations, all pride, all fear of embarrassment or failure these things just fall away in the face of death, leaving only what is truly important. Remembering that you are going to die is the best way I know to avoid the trap of thinking you have something to lose. You are already naked. There is no reason not to follow your heart.

About a year ago I was diagnosed with cancer. I had a scan at 7:30 in the morning, and it clearly showed a tumor on my pancreas. I didn't even know what a pancreas was. The doctors told me this was almost certainly a type of cancer that is incurable, and that I should expect to live no longer than three to six months. My doctor advised me to go home and get my affairs in order, which is doctor's code for "prepare to die." It means to try and tell your kids everything you thought you'd have the next 10 years to tell them in just a few months. It means to make sure everything is buttoned up so that it will be as easy as possible for your family. It means to say your goodbyes.

I lived with that diagnosis all day. Later that evening I had a biopsy, where they stuck an endoscope down my throat, through my stomach into my intestines, put a needle into my pancreas and got a few cells from the tumor. I was sedated, but my wife, who was there, told me that when they viewed the cells under a microscope the doctors started crying because it turned out to be a very rare form of pancreatic cancer that is curable with surgery. I had the surgery and, thankfully, I'm fine now.

This was the closest I've been to facing death, and I hope it's the closest I get for a few more decades. Having lived through it, I can now say this to you with a bit more certainty than when death was a useful but purely intellectual concept: No one wants to die.

Even people who want to go to heaven don't want to die to get there. And yet death is the destination we all share. No one has ever escaped it. And that is as it should be, because Death is very likely the single best invention of Life. It's Life's change agent. It clears out the old to make way for the new. Right now the new is you, but someday not too long from now, you will gradually become the old and be cleared away. Sorry to be so dramatic, but it's quite true.

Your time is limited, so don't waste it living someone else's life. Don't be trapped by dogma which is living with the results of other people's thinking. Don't let the noise of others' opinions drown out your own inner voice. And most important, have the courage to follow your heart and intuition. They somehow already know what you truly want to become. Everything else is secondary.

When I was young, there was an amazing publication called *The Whole Earth Catalog,* which was one of the "bibles" of my generation. It was created by a fellow named Stewart Brand not far from here in Menlo Park, and he brought it to life with his poetic touch. This was in the late 60s, before personal computers and desktop publishing, so it was all made with typewriters, scissors, and Polaroid cameras. It was sort of like Google in paperback form, 35 years before Google came along. It was idealistic, overflowing with neat tools and great notions.

Stewart and his team put out several issues of The Whole Earth Catalog, and then when it had run its course, they put out a final issue. It was the mid1970s, and I was your age. On the back cover of their final issue was a photograph of an early morning country road, the kind you might find yourself hitchhiking on if you were so adventurous. Beneath it were the words: "*Stay Hungry. Stay Foolish.*" It was their farewell message as they signed off. Stay Hungry. Stay Foolish. And I've always wished that for myself. And now, as you graduate to begin a new, I wish that for you.

Stay Hungry. Stay Foolish.

Thank you all very much.

第1部

点と点を結ぶ

No. 001

Steve Jobs' Convocation Speech (Stanford)

意訳

スティーブ・ジョブズの卒業式でのスピーチ（スタンフォード大学）

解釈と訳のポイント

意訳の「スティーブ・ジョブズの」からわかるように、Steve Jobs' の最後のアポストロフィは所有格のアポストロフィである。単語の最後がsで終わっているとき 'sのsはつけない。よってここではSteve Jobs'sではなくSteve Jobs' となっている。convocationは「卒業式」の意味だが、これから見ていくとわかるように、以下ではconvocationが別のことばで何度か言い換えられている。

Hatakeyama's Comments!

ジョブズといえばプレゼン（プレゼンテーション）だが、プレゼンとスピーチは似て非なるものである。プレゼンはどちらかというとパワーポイントを使ったりジェスチャーをとり入れたり、アイコンタクトを使ったりして視覚的にメッセージを伝えるものをいう。一方、スピーチは話術だけでメッセージを伝えるものをいう。ジョブズはスタンフォード大学の卒業式で視覚的なものはいっさい使わず話だけで聴衆を魅了している。ジョブズはプレゼンだけでなくスピーチもピカイチである。

スピーチ中のジョブズ（AP/アフロ）

豆知識

スティーブ・ジョブズのフルネームはスティーブン・ポール・“スティーブ”・ジョブズ(Steven Paul "Steve" Jobs)である。Jobs は「ジョブズ」と発音し「ジョブス」とは発音しない。なぜならば、s の前にくる文字が有声音（声帯を震わす音）のとき s は「ズ」と発音するからだ（books では s の前の k が無声音なので s は「ス」と発音する)。ところで、なぜジョブズはスタンフォード大学の卒業式で講演をしたのだろうか。ジョブズが 1989 年にスタンフォード大学のビジネス・スクールで講演したこともあるが、それよりも、ジョブズの奥さんのローレン・パウエル・ジョブズがスタンフォード大学出身だからというのがあるようだ。ちなみにローレンとは 1989 年の講演がきっかけで知り合いになっている。ジョブズにとってスタンフォード大学は特別な場所であるのだ。ローレンとの出会いについては、このスタンフォード大学の卒業式のスピーチでも触れられる。あと、忘れてはならないこととして、スタンフォード大学はシリコンバレー（IT 産業のメッカ）の中心地にあるということがある。いろんな意味でジョブズとスタンフォード大学は縁があるといえよう。

No. 002

Thank you.

意訳

どうもありがとう。

解釈と訳のポイント

Thank you は定型の表現で「ありがとう」の意味である。が、Thank you の thank は他動詞であることをあらためて認識しておきたいところだ。他動詞 thank の目的語が you で主語の I が省略されている表現、それが Thank you である。英語は必ず主語をとらないといけない。だからこそ、It rains の It や There is a guitar in the case の There のように、英語では、意味のない主語（形式上の主語）をわざわざ文頭に置かないといけない。このように必ず主語をとらないといけない英語であるが、Thank you のような定型の表現や会話文、あるいは親しい友人とのメールなんかでは主語を省いた文がよく使われる。いずれにせよ、格式ばったビジネスライクの文書では主語をつけたちゃんとした文を書いた方がいい。ちなみに Thank you も格式ばって書くと I thank you となる。

Hatakeyama's Comments!

ジョブズの講演が始まる前に司会者からジョブズの紹介があった。それを受けてジョブズは Thank you と言っている。よって Thank you の you は司会者を指している。このように、代名詞が出てきたら何を指しているのかいちいちチェックするようにしよう。この代名詞のチェックを怠ると正確かつ精確な読みができなくなる。

豆知識

Thank you から始まったジョブズのスタンフォード大学での卒業式の講演であるが、この講演は 2005 年 6 月 12 日に行われた。ちなみに約 2 年前の 2003 年 8 月にジョブズは膵臓の摘出手術を受けている。そして講演の約 3 年後の 2008 年 6 月 9 日に、ジョブズはやせ細った体でマスコミの前に姿を現している。その後、約 10 ヶ月後の 2009 年 3 月に肝臓の移植を受け、2011 年 10 月 5 日に自宅で亡くなっている。このあたりの時系列を頭の隅に置きながらこの先を読んでみよう。

No. 003

I'm honored to be with you today for your commencement from one of the finest universities in the world.

意訳

私は今日、世界で最高の大学の１つであるスタンフォード大学の卒業式で皆さんとごいっしょでき光栄に思います。

解釈と訳のポイント

be honored to do で「～することを光栄に思う」と習ったことかと思う。でも、これは別に熟語でもなんでもない。be honored to do の to 不定詞は理由を表しているにすぎず、光栄である理由が to 不定詞以下に書かれているだけのことだ。形としては I am glad to see you（あなたにお目にかかれて嬉しく思います）と同じである。この I am glad to see you の to 不定詞でも嬉しい理由が書かれている。I'm honored to be with you today の today であるが、これは本来文末にあるべきだ（通常、英語では時の副詞は文末に置く）。ではなぜ文中にあるのだろうか。表題の文はもともと I'm honored to be with you for your commencement from one of the finest universities in the world today といった文であった。しかし、for your commencement from one of the finest universities in the world の部分を強調したいがために、わざわざこの部分を文末に移動している。それで結果として today が文中に現れているのである。英語では、一般的に考えられていることとは逆で、一番伝えたいものを文末に置くのだ。

Hatakeyama's Comments!

002 の Thank you の you が司会者を指しているのに対して、この 003 に出てくる you と your は卒業生を指している。「そんなこと言われんでもわかるわい！」と思うかもしれないが、このような代名詞のチェックが瞬時に、しかも正確にできるか否かで英語力に差がついてくる。be honored to do は非常に格式ばった言い方である。ジョブズの性格やキャラを考えると be glad to do でもいいように思える。が、TPO（つまり卒業式という場）をわきまえてここでは格式ばった言い方をしているのだろう。

豆知識

「世界で最高の大学の 1 つであるスタンフォード大学（one of the finest universities in the world）」であるが、実際、大学ランキングでもスタンフォード大学は常に上位を占めるほどである。またキャンパスの広さもズバ抜けていて 8180 エーカーもある。東京ドーム 1 個分が約 11.5 エーカーであるから、スタンフォード大学は東京ドーム 711 個分ということになる。ちなみにスタンフォード大学（Stanford University）は略式名称で正式名称はリーランド・スタンフォード・ジュニア大学（Leland Stanford Junior University）である。

No. 004

Truth be told, I never graduated from college, and this is the closest I've ever gotten to a college graduation.

意訳

実は私、大学を出ていません。そのようなこともあり、この場が、私にとって人生で一番卒業式に近づいた場ということになります。

解釈と訳のポイント

Truth be told は If the truth be told という仮定法現在形の略式版である。受験英語をしっかりやった人なら、Truth be told より To tell the truth や Truth to tell の方が馴染み深いであろう。I never graduated from college では never が使われているが、never は sometimes や often と同じく頻度を表す副詞である。よって never は not よりも意味が強く「1回もないよ！」といったニュアンスをもつ。and this is the closest I've ever gotten to a college graduation の and は「だから」といった因果関係を表している。the closest の後ろに関係副詞の where を補って解釈してやると文意がスムースにとれるであろう。graduation は 001 の convocation と 003 の commencement の言い換え。

Hatakeyama's Comments!

ジョブズほどの成功者ならスゴい大学を主席で卒業していると誰もが思う。しかし、その期待を見事に裏切り、ジョブズはそんなにスゴくない大学を中退している。大学を中退した人が大学の卒業式で講演をするというのは、離婚経験者が結婚式でスピーチするようなものだろうか……。そもそもなぜジョブズは自分が大学を出ていないことをいきなりカミングアウトしたのだろうか。この先を読めばその答えはすぐに明らかになる。

豆知識

ジョブズの大学時代の生活はこの後紹介されるが、中学と高校時代はどうだったのだろうか。ジョブズは中学生のとき、ヒューレット・パッカード社の社長に直接電話して周波数カウンタの部品をただでもらっている。さらに夏休みには、ヒューレット・パッカード社の支社でアルバイトをさせてもらっている。そして高校生になると、ジョブズの運命の人であるもう１人の「スティーブ」に会う。スティーブ・ウォズニアックである。しかもウォズニアックは元ヒューレット・パッカード社の社員である。その意味でも、ヒューレット・パッカード社はジョブズならびにアップルと縁の深い会社である。ウォズニアックについては045で詳しく紹介する。

No. 005

Today, I want to tell you three stories from my life.

意訳

今日ですが、私はみなさんに、人生から学んだ３つのことをお話ししたいと思います。

解釈と訳のポイント

Todayが文頭にあるが、これも本来文末にあるべきものである（003参照）。なぜ文末にあるtodayが文頭にきているのか。意訳の「今日ですが」からわかるように、Todayを話のツカミというか、これからする話の話題として使っている。英語では、話題となるものを文頭にもってくることがあるが、こういった規則をひとたびマスターすると、I gave an iPhone 5s to Mary と To Mary, I gave an iPhone 5s のビミョーな意味の違いがわかるようになる。前者は「俺は iPhone 5s をメアリーにやったよ」といった意味だが、後者は「メアリーになんだけど、俺 iPhone 5s やったよ」ぐらいの意味である。こういったビミョーな意味の違い（ニュアンスの違い）がわかるようになるとネイティブの感覚で英語が読めるようになる。

Hatakeyama's Comments!

「人生から学んだ３つのこと」という意訳からわかるように、three stories from my life の from はソース（出処）を意味している。three stories I've learned from my life から I've learned を省略した形、それが three stories from my life だともいえる。ジョブズは壮絶な人生を歩んできたのであるが、そのジェットコースターのような人生からジョブズはいったい何を学んできたのだろうか。

豆知識

話を先取りして話すと、ジョブズがこれから伝えようとしていることとは、「点と点を結ぶこと」と「愛と喪失」、そして「死」に関することだ。この先読んでいくとわかるように、実は、これら３つは「人生いかに生きたらいいか」という問いの各論だともいえる。すなわち、ジョブズはスタンフォード大学の卒業式で人生論について語ろうとしているのである。ただし、よくある人生論ではない。ボディブローのように腹に堪える強烈な人生論である。

No. 006

That's it. No big deal. Just three stories.

意訳

それだけです。たいした話はしませんから。ほんとたった３つの話しかしませんから。

解釈と訳のポイント

That's it は定型の表現で「それだ」とか「それが欲しいんだ」とか「これでおしまいだ」といった意味。ここでは「これでおしまいだ」の意味で使われている。No big deal は、This is no big deal（たいしたことないよ）から This is を省略したもの。This is no big deal の他に This is not a big deal という言い方もある。

Hatakeyama's Comments!

That's it に似た表現に This is it がある。言わずと知れたマイケル・ジャクソンの映画のタイトルであるが、これも定型の表現で「これだよ」といった意味である。ただ、マイケルは 'I just wanted to say that these will be my final show performances in London. When I say this is it, it really means this is it.（ただ僕が言いたいのは、これがロンドンで行う最後のショーになるということなんだ。これで最後といったら本当に最後なんだ）' と言っていることから、タイトルの『THIS IS IT』は「これが最後だ」といった意味にとった方がいいかもしれない。

マイケル・ジャクソン THIS IS IT
発売中 DVD￥1,410（税抜）/Blu-ray￥2,381（税抜）
発売・販売元：ソニー・ピクチャーズ エンターテインメント

豆知識

それだけと言いながらたっぷり話をし、たいした話はしないと言いながらたいした話をし、そしてたった３つの話しかしないと言いながら３つの話以上のディープな話をする。いい意味で期待を裏切る、そんなスピーチがこれから始まる。

No. 007

The first story is about connecting the dots.

意訳

最初の話は点と点をつなぐということです。

解釈と訳のポイント

The first story とは 005 の three stories from my life（人生から学んだ３つのこと）のうちの「最初の話」のこと。about connecting the dots の connecting は動名詞。動名詞とは動詞の働きを兼ね備えた名詞である。動名詞は名詞の一種であるから前置詞の目的語になれる（逆の言い方をすると、前置詞の目的語には名詞しかなれない）。だから、ここでは、動名詞 connecting が前置詞 about の目的語になれる。また、connecting は動名詞で動詞の機能も兼ね備えているからこそ、the dots を目的語として直接とることができる。動名詞とはどのようなものかちゃんと理解できて、はじめて The first story is about connecting the dots といった文を理屈でもって、しかも完璧に理解することができるのだ。

Hatakeyama's Comment!

ここでいう点（dot）とは、この先を読んでいくとわかるように、人生において起こるいろんな出来事のことである。毎日毎日が１

つ１つの点であり、その１つ１つの点が連続したもの、それがその人の人生である。ジョブズの場合、彼の人生という直線にときおり巨大な点が現れる。さて、どんな点であろうか。

豆知識

点と点をつなげるのは何であろうか。connecting the dots を見ても書かれてない。040 の Again, you can't connect the dots looking forward; you can only connect them looking backwards を見るとわかるように、つなげるのは自分自身である。つまり、人生に点をつけるのが自分なら、後から振り返って点と点を結びつけるのも自分。どんな点をつけ、どの点とどの点を結びつけ、そしてどのぐらい太い線で結びつけるのか、これらはすべて自分自身で決めることなのだ。

No. 008

I dropped out of Reed College after the first six months, but then stayed around as a drop-in for another 18 months or so before I really quit.

意訳

私は入学して６ヶ月後にはリード大学を中退しました。でも、その後 18 ヶ月かそこらモグリで大学内をうろちょろしていまして、その後本当に大学を去りました。

解釈と訳のポイント

I dropped out of Reed College では drop と out をワンセットにして読まない。たしかに drop out で「中退する」という意味があるが、ここでは drop と out をワンセットにして drop out としては解釈しない。out は of Reed College とワンセットにして読むなり解釈する（out of~ で「～から離脱して」の意味があることに注意）。but then stayed around の then は「その後」の意味。then には「だから」とか「その時」とかいろんな意味があるが、ここは文脈を考えて「その後」と解釈する。but then stayed around as a drop-in for another 18 months or so の around も as a drop-in も for another 18 months or so もどれも動詞 stayed を修飾している。その意味では、around も 2 つの前置詞句（as a drop-in と for another 18 months or so）もすべて副詞として機能している。前置詞句は基本的に修飾語として機能する。したがって、前置詞句が出てきたら、それがどこを修飾しているのか瞬時に判断する。たとえば、Hatakeyama played the guitar on the table の意味を考えてみよう。この文には前置詞句 on the table があるが、これはいったいどこを修飾しているのだろうか。直前の the guitar を修飾していると考えるのなら、その時は「テーブルの上に置いてあるギターをハタケヤマは弾いた」という意味になる。一方、played を修飾していると考えるのであれば、その時は「ハタケヤマはテーブルの上でギターを弾いた」という意味になる。ハタケヤマが素行の悪いガサツな人間なら後者で解釈した方がいいであろう。

Hatakeyama's Comments!

入学して 6 ヶ月後に大学をやめたということは、1 年生の前期しか大学に行っていないということだ。たった半年だけ大学に行ってやめてしまった理由とはいったい何であろうか。中退した後も 1 年半（18 ヶ月）ほど大学に居座っていたというが、嫌でやめた大学なのに、1 年半も大学で何をしていたのだろうか。また、トータルで大学に 2 年ほどいて、その後完全に大学を去るのであるが、大学を去った後ジョブズはどうしたのだろうか。いくつか疑問点が出てくるが、これらの疑問点を頭の隅に置きながらこの先を読み進めてみよう。

豆知識

リード大学は1908年創立の大学で、オレゴン州のポートランド市にある。3年生までにかなりの数の教養科目をとらなくてはならないので有名。

No. 009

So why did I drop out?

意訳

で、私がなんで大学を中退したかって？

解釈と訳のポイント

why did I drop out? は形の上では疑問文だが、ジョブズは別に卒業生に向かって質問しているわけではない。この手の形と内容がそぐわない文はよくある。たとえば Would you open the window? という文は形こそ疑問文だが実際は依頼の文だ（Would you open the window? は窓を開けてくれるよう依頼している文である）。人間同様、英文も外見で判断してはいけないのだ。さて、why did I drop out? であるが、これは修辞疑問文とよばれているものである。高校の漢文の授業で「反語」というのを習ったかと思うが、それの英語版だと思っていい。修辞疑問文の代表的なものというと、たとえば、Who knows? なんかがあるが、これなんかは言った本人が「誰も知ってるわけねぇし」と既に自分で答えを用意している。同じように、Who cares? にしても、言った本人が「誰も気にしてねぇし」とあらかじめ答えを用意している。同じく why did I drop out? にしても、ジョブズ自身「そんなのお前たち知っているわけねぇし」と自分で答えを用意している。修辞疑問文というのは、形こそ疑問文ではあるが、実は自己発言否定文ともいえるもので、1人でボケとツッコミをしている自問自答文であるのだ。

Hatakeyama's Comments!

仮にジョブズが３年生で中退したのであれば、正直、中退の理由なんかとくに聞きたいと思わない。また、留年しまくっていて、それで中退したのであれば、その理由なんかなおさら聞きたいと思わない。教えてもらわなくてもだいたい察しがつくからだ。一方、大学に入ってすぐに中退したのであれば、その理由はぜひ聞きたいと思うものだ。

豆知識

大学中退の理由は人それぞれである。でも、大きく分けて、大学のミスマッチと人間関係、それに経済的理由の３つをあげることができるかと思う。でも、日本中退予防研究所によると、学習意欲の喪失と人間関係が主要因であるらしい。しかも、学習意欲の喪失の原因の多くが大学側にあるらしく、授業が面白くないとか教員の教え方が悪いとか教える側に問題があるらしい。

No. 010

It started before I was born.

意訳

私が大学を中退するのは私が生まれる前から既に決まっていたのです。

解釈と訳のポイント

It は文脈から判断して drop out を意味している。あるいは、008 の I dropped out of Reed College after the first six months あたりを指

していると考えられる。いずれにせよ、代名詞が出てきたら、それが何を指しているのかいちいち考えるようにしよう（002 と 003 も参照）。

Hatakeyama's Comments!

生まれる前から大学を中退することが決まっていた — これはツカミとしては最高だと思う。この 1 文でジョブズは完全に聴衆の心を摑んだ。コピーライター並のセンスのよさを感じる。

豆知識

ジョブズが生まれたのは 1955 年 2 月 24 日である。よって、ジョブズの言うことを真に受ければ、ジョブズがリード大学を退学するのは、1955 年 2 月 24 日より前に既に決まっていたことになる。では、1955 年 2 月 24 日より前、胎児だったジョブズの身にいったい何が起きていたのだろうか。

No. 011

My biological mother was a young, unwed graduate student, and she decided to put me up for adoption.

意訳

私の生みの親は若く、そして未婚の大学院生の時に私を生みました。でも、私の生みの親は、私がまだ生まれる前から私を養子に出すと決めていたのです。

解釈と訳のポイント

My mother といわずに My biological mother といっているところから、ジョブズには生んでくれた母親の他に育ててくれた母親がいることがわかる。a young, unwed graduate student からわかるように、英語では、1つの名詞を2つの形容詞が修飾するとき、その2つの形容詞は and では結び付けずコンマで結びつける。a young and unwed graduate student とは普通いわない。それとは逆に、「私の生みの親は若く未婚だった」というときは My biological mother was young and unwed となり、2つの形容詞は and で結びつけられる。My biological mother was young, unwed とはならない。put (oneself) up for ~ で「～に立候補する」の意味。よって、put me up for adoption は「私を養子に立候補させる」となり、ストレートにいうと「私を養子に出す」となる。

Hatakeyama's Comments!

ジョブズはできちゃった婚で生まれた子なのだ。否、ジョブズの生物学的な親は当時結婚していなかったから、たんにできちゃって生まれた子である（このあたりの事情については「豆知識」を参照）。「生むなら育てろ、育てないなら生むな」といいたくなるが、まあ、いろいろ事情があったのだろう。もし、ジョブズの生物学的な母親が中絶していたら、アップルはもちろん、今日ある IT 社会はないであろう。その意味ではジョブズの生みの親に感謝しないといけない。ジョブズを生んでくれてありがとう。

豆知識

ジョブズは、シリア人の大学院生アブドゥルファター・ジョン・ジャンダーリ（実父）とアメリカ人の大学院生ジョアン・キャロル・シーブル（実母）との間に、1955 年 2 月 24 日に生まれた。ジョアンの父親（アーサー・シーブル）がシリア人との結婚を認めなかったため、ジョブズは生まれる前から養子に出すことが決められていた。ちなみに、養子縁組が決まった数週間後に、ジョアンの父親アーサー・シーブルは大腸ガンで亡くなっている。もしジョアンの父親がもっと早くなくなっていたら、アブドゥルファター・ジョン・ジャンダーリとジョアン・キャロル・シーブルは結婚してジョブズは養子に出されることはなかったかもしれない。人生とはさらに皮肉なことに、ジョアンの父親アーサー・シーブルが亡くなった4ヶ月後に、つまりジョブズの養子縁組が決まった4ヶ月後に、アブドゥルファター・ジョン・ジャンダーリとジョアン・キャロル・シーブルは正式に結婚している。しかも、その後、女の赤ちゃん（つまりジョブズの妹）を生んでいる。ジョブズは、30歳をすぎたとき、はじめて自分に妹（モナ・シンプソン）がいることを知る。蛇足ではあるが、アブドゥルファター・ジョン・ジャンダーリとジョアン・キャロル・シーブルが結婚した、その7年後の1962年には離婚している。離婚後、ジョブズの実母ジョアン・キャロル・シーブルはプロのアイススケーターのジョージ・シンプソンと再婚する。そのようなこともあり、ジョブズの妹の名はモナ・シンプソンといったように（実父の姓のジャンダーリでなく）シンプソンの姓になっている。このあたりのことについては『スティーブ・ジョブズ 青春の光と影』（東京電機大学出版局）を参照されたい。

No. 012

She felt very strongly that I should be adopted by college graduates, so everything was all set for me to be adopted at birth by a lawyer and his wife except that when I popped out they decided at the last minute that they really wanted a girl.

意訳

私の生みの親は、私を大学出の夫婦にしかあげないと強く意を決していました。そのようなこともあり、私が生まれたらすぐに弁護士夫婦にもらわれるよう、何もかもお膳立てされていました。でも、私が生まれたら、その弁護士夫婦は最後の最後

になって、実は女の赤ちゃんが欲しかったのだと言い出したのです。

解釈と訳のポイント

She felt very strongly that I should be adopted by college graduates はもともと、She felt that I should be adopted by college graduates という文であり、途中で副詞の very strongly が that の直前に挿入されている。この手の副詞の挿入はよくある。覚えておこう。I should be adopted by college graduates の should と複数形の graduates から、ジョブズの育ての親となる人は、何が何でも2人とも大学卒じゃないとダメだというのがわかる。everything was all set for me to be adopted at birth by a lawyer and his wife の for me to be adopted at birth by a lawyer and his wife は、目的を表す主語付きの to 不定詞。文のタイプとしては Mary left the door open a little for her cat to enter the room（ネコが入ってこられるように、メアリーはドアをちょっと開けておいた）と同じ。では、except that when I popped out they decided at the last minute that they really wanted a girl の構造について見てみよう。except が that 節をとっていて、その that 節が従属節（when I popped out）と主節（they decided at the last minute that they really wanted a girl）からなっている。その主節の they decided at the last minute that they really wanted a girl であるが、これはもともと they decided that they really wanted a girl という文であり、途中で副詞の at the last minute が that の直前に挿入されている。先ほどいったように、この手の副詞の挿入はよくある。覚えておこう。

Hatakeyama's Comments!

大学出の夫婦じゃないとジョブズをあげないとのこと。ジョブズの生みの親には何か学歴コンプレックスでもあったのだろうか。もし万が一、弁護士夫婦にジョブズがもらわれていたら、おそらくアップルは誕生していなかったであろう。そして、今日ある IT 社会もないであろう。その意味では、ドタキャンしてくれた弁護士夫婦にも私たちは感謝しないといけない。ジョブズをもらってくれなくてありがとう。なにはともあれ、ジョブズは生みの親に捨てられ、そして当初もらってくれる予定だった弁護士夫婦にも捨てられている。望まれず生まれたばかりか、生まれてすぐに2度も捨てられ、これ以上ない幸先の悪いスタートを切っている。この生まれる前から背負わされた不幸が、大学中退の原因であるとジョブズはいっているのである。詳しい話はこのあとジョブズの口から語られる。

豆知識

日本ではいまだに養子縁組が浸透しておらず、養子縁組されて育てられている子どもの数は全国で5000人ほどしかない。日本で養子縁組がなかなか定着しない理由として、日本に古来からある家制度をあげることができる。一方アメリカでは、年間12万組の養子縁組が行われている。アメリカでこれだけの養子縁組がある理由として、アメリカにおける親権剥奪の問題をあげることができる。親権を剥奪された家庭の子どもが、養子縁組の形で他の家庭で育てられることが多いのだ。

No. 013

So my parents, who were on a waiting list, got a call in the middle of the night asking, "We've got an unexpected baby boy; Do you want him?" They said, "Of course."

意訳

私の育ての親なのですが、養子縁組の希望を申請していまして、それで真夜中に電話がありました。「もらいてのない男の赤ちゃんがいますが、その子を引き取られますか?」というものです。それに対して私の育ての親は「もちろんです」と応え

ました。

解釈と訳のポイント

my parents, who were on a waiting list では関係代名詞の非制限用法が使われている。コンマを外して my parents who were on a waiting list としてはいけない。つまり制限用法で書いてはいけない。なぜならば、この場合、養子縁組を希望している親以外にもまだ親がいるような意味になってしまうからだ。同じことが Hatakeyama has a guitar, which he bought at Kurosawa Gakki と Hatakeyama has a guitar which he bought at Kurosawa Gakki にもいえる。前者は関係代名詞の非制限用法を使って書かれているが、この文は、ハタケヤマはギターを１本しか持っていなくて、その１本のギターをクロサワ楽器で買ったということを意味している。一方、後者は関係代名詞の制限用法を使って書かれているが、こちらは、ハタケヤマはクロサワ楽器で買ったギターの他に宮地楽器や島村楽器で買ったギターも持っていると暗にほのめかしている。関係代名詞の前にコンマがあるかないかで大きく意味が異なるのだ。my parents, who were on a waiting list, got a call in the middle of the night asking の最後にある asking は分詞である。この分詞の意味上の主語は主語の my parents ではない。目的語の a call である。すなわち、意味的には、asking, "We've got an unexpected baby boy; Do you want him?" は a call を修飾しているのだ。勘のいい人ならもうわかるかと思うが、So my parents, who were on a waiting list, got a call in the middle of the night asking, "We've got an unexpected baby boy; Do you want him?" は、もともと、So my parents, who were on a waiting list, got a call asking "We've got an unexpected baby boy; Do you want him?" in the middle of the night といった文であったのだ。asking, "We've got an unexpected baby boy; Do you want him?" の部分を強調したくて文末に移動してできた文、それが他ならぬ 013 の So my parents, who were on a waiting list, got a call in the middle of the night asking, "We've got an unexpected baby boy; Do you want him?" であるのだ。003 も参照。こういった手の込ん

だ分詞構文にも慣れておくようにしよう。We've got an unexpected baby boy; Do you want him? のセミコロンは「それでも」の意味で使われている。セミコロンは対比や逆接、他には因果関係を表す接続詞として使われる。どの接続詞の代用として使われているかは文脈から判断するしかない。

Hatakeyama's Comments!

ジョブズは an expected baby boy でなく an unexpected baby boy として生まれた。つまり、ジョブズは望まれずに生まれた子どもであるのだ。そして、unexpected な子として生まれたジョブズが expected な IT 社会を生み出しているのである（We've got an expected IT life）。皮肉な話である。もしジョブズが an expected baby boy として生まれていたら、今頃 unexpected な IT 社会になっていたかもしれない。また、真夜中に電話があったからよかったものの、もし昼間に電話があってジョブズの育ての親が家を留守にしていたらどうなっていただろうか。やはり今頃 unexpected な IT 社会になっていたかもしれない。いろいろ考えてしまう。

豆知識

スティーブ・ジョブズは、1955 年、サンフランシスコ市 45 番アベニュー 1758 番地に住むジョブズ夫妻に養子としてもらわれた。そして、その 2 年後、さらにパティという女の子が養子としてジョブズ夫妻にもらわれることになる。つまり、スティーブ・ジョブズには実の妹のモナだけでなく義理の妹パティがいるのである。モナについては 011 を参照。

No. 014

My biological mother found out later that my mother had never graduated from college and that my father had never graduated from high school.

意訳

ただ、私の生みの母親は、その後、私の育ての母親が大学を出ていないということを、そして私の育ての父親は高校すら出ていないということを知ってしまうのです。

解釈と訳のポイント

生みの母親が後ほど知ったことが２つあり、その２つが２つの that 節で紹介されている。つまり that my mother had never graduated from college と that my father had never graduated from high school の２つの that 節で紹介されている。'Fujita told me that he arrived in Tokyo and that he stayed at a hotel near Kokubunji Station.（藤田は、東京に着いて今国分寺近くのホテルに泊まっていると私に教えてくれた。)' では that 節が２つあるが、２つある接続詞の that のうち最初の that のみが省略できる。１つ目の that を残して２つ目の that を消すことはできない。よって、本文の 014 でも、later の直後にある that を省略できそうである。が、できない。なぜならば、that 節の直前に副詞があるときは、たとえ最初の接続詞 that であっても、それは省略できないからだ。さて、本文では２つの that 節内で never が使われているが、このことからわかるように、育ての親はともに大学を出ていないことがことさら強調されている。強調の副詞 never については 004 を参照。

Hatakeyama's Comments!

養子縁組のための必要条件（つまり大学出であること）を満たしていないのが発覚したとのこと。ただ、ジョブズの生みの母親は、大学出の人だったら誰でもいいようなので、大学出というのは養子縁組のための十分条件でもある。その意味では、ジョブズの育ての親は、養子縁組のための必要十分条件を満たしていないことになる。父親か母親のどちらかでも大学出であればまだ救われるものの、どちらも大学出でないのはかなり致命的である。

豆知識

ジョブズの育ての父親であるポール・ジョブズは、高校中退だったためか、不動産のセールスの仕事をしたり、沿岸警察隊員をしたり、機械工として働いたりしていた。このことから察せられるように、ジョブズ家は経済的にあまりゆとりがなかった。

No. 015

She refused to sign the final adoption papers.

意訳

そのようなこともあり、私の生みの母親は、養子縁組の最終書類にサインすることを強く拒みました。

解釈と訳のポイント

refuse はかなり強い口調で断る時に使う表現。だからこそ意訳では「強く拒んだ」としている。refuse をちょっとマイルドにしたのが reject で、decline はやさしい口調で断る時に使う。the final adoption papers の papers は「書類」や「文書」の意味。arm（腕）

が arms になると「武器」や「兵器」の意味になるのと同じ。

Hatakeyama's Comments!

養子縁組のための条件を満たしていないということで、ジョブズの生みの母親は書類にサインしなかったとのこと。だからといって、生みの母親がジョブズを育てるわけでもない。育ての親はジョブズをもらいたいけどもらえず、ジョブズの生みの母親もジョブズをあげたくてもあげられない。これでは win-win の関係どころか lose-lose の関係である。貰い手のいないジョブズも lose の状態であるので、lose-lose-lose の関係である。三者の誰一人として win な人がいない。

豆知識

日本の場合、養子縁組が成立するためには、養子縁組をする側とされる側の合意のもと、次のような条件を満たさなければならない。「1：養親は成人に達していなければならない。ただし、未成年者の場合は結婚していればよい」「2：養親は養子よりも年齢が上でないといけない」「3：養親と血縁関係のある祖父母やおじさん、そしておばさんを養子にすることはできない」「4：未成年者を養子にする場合、夫婦は2人とも養親にならないといけない」「5：既婚者が養子になったり、あるいは養子をとったりする場合、配偶者の同意が必要である」

No. 016

She only relented a few months later when my parents promised that I would go to college. This was the start in my life.

意訳

しかし、その後数ヶ月して、私の育ての親が、私を大学へ行かせると確約してくれたこともあり、私の生みの母親は態度を軟化させました。これが私の人生の始まりなのです。

解釈と訳のポイント

She only relented の only は a few months later when my parents promised that I would go to college を修飾している。つまり、only の直前にある She や直後にある動詞 relented を修飾しているのではない。そもそも、話の流れからして、「彼女だけが」と解釈したり「本当に態度を軟化させたのです」と解釈する可能性はゼロである。よく、only はその直後にあるものを修飾するといわれたりするが、そんなことはない。遠く離れたものも修飾できる。only が出てきたらどこを修飾しているかチェックするようにしよう。

Hatakeyama's Comments!

過去は修正することができない。だからといって、ジョブズの育ての親がいまさら大学に入るのは非現実的だ。そこでとられた苦肉の策というか妥協案が、ジョブズを必ず大学に行かせるというもの。かくして、ジョブズの人生は大学入学というミッションとともに始まるのである。

豆知識

ジョブズの育ての親はジョブズの生みの母親に、ジョブズを必ず大学に行かせると約束した。でも、実際は、ジョブズの生みの母親が、ジョブズの育ての親に、ジョブズが大学に行けるよう貯蓄をすることを強要したのである。そんなジョブズの生みの母親であるが、自分の娘（つまりジョブズの妹）のモナの大学進学のためにはまったく貯蓄をしなかった。ジョブズの生みの母親は、息子にも娘にもいい加減な母親であった。ある意味ブレていない筋の通った母親である。

No. 017

And 17 years later I did go to college.

意訳

そして 17 年後、私は本当に大学に入ったのです。

解釈と訳のポイント

I did go to college の did は動詞を強調している。だからこそ意訳では「本当に」ということばを付け加えている。go to college で「大学に通う」の意味。冠詞はつけない。冠詞をつけた go to the college は「大学のある方に行く」の意味になり、いわゆる「大学に行って勉強する」の意味にはならない。同じように、go to bed は「寝る」という意味であるが、go to the bed は「寝床に向かう」という意味。したがって、I went to the bed, but I did not go to bed（オレは寝床にまで行ったけど寝はしなかったよ）といおうと思えばいえる。

Hatakeyama's Comments!

I did go to college というように主語が I になっているが、この文の真意は、「育ての親は本当に生みの母親との約束を守ってくれたのです」というものである。別に大学に入ることができた自分の能力を自慢しているのではない。このあたりは空気（というか文脈）を読んでI did go to collegeの真意を汲みとってもらいたいところである。

豆知識

トリビアな話ではあるが、でも知っておいた方がいいことに、「大学」と「大学校」の違いがある。大学は文部科学省の管轄下にあるが、大学校は文部科学省の管轄下にはない。他の行政機関の管轄下にある。たとえば、防衛大学校は防衛省の管轄下にあるし、航空保安大学校は国土交通省の、そして職業能力開発大学校は厚生労働省の管轄下にある。大学校の中でも、防衛大学校と防衛医科大学校、それと航空保安大学校と気象大学校と海上保安大学校の５つでは、学生は国家公務員でもあり、授業料を払う必要がなければ給料ももらえる。ただし、入学時の年齢に制限が課せられている。

No. 018

But I naively chose a college that was almost as expensive as Stanford, and all of my working-class parents' savings were being spent on my college tuition.

意訳

しかし私は、考えが甘かったのですが、スタンフォード大学並に授業料の高い大学を選んでしまったのです。そのようなこともあり、ブルーカラーの私の両親の全財産は、どんどん私の授業料で消えていってしまったのです。

解釈と訳のポイント

a college that was almost as expensive as Stanford の that 以下は関係節で a college を制限的に修飾している。関係代名詞の制限用法は、通常、何かと比較したり対比する時に使われる。ここではスタンフォード大学の授業料と比べているからこそ、関係代名詞の制限用法が使われているのだ。とはいうものの、ここは非制限用法を使って書いても構わない。ただその時は、a college, which was almost as expensive as Stanford のように関係代名詞は which を使わないといけない。関係代名詞の that には非制限的用法がないからだ。また訳も、その時は、「私はある大学を選んでしまったのですが、その大学の授業料は……」のようになり、a college の a を「ある」と解釈し、さらにコンマを接続詞として解釈してやる必要がある。college は単科大学の名称に使われるのに対して university は総合大学の名称に使われる。ちなみに、institute は理工系の大学の名称に使われる。all of my working-class parents' savings were being spent on my college tuition にある my working-class parents' savings の parents' であるが、本来あるはずの s がアポストロフィの後ろにない。これは、Steve Jobs' Convocation Speech で Jobs' にさらに s が付かないのと同じ理由である。001 を参照。また、この文では進行形が使われているが、これは「どんどんお金が消えていって親に申し訳なく思う」という申し訳無さを演出するためだ。進行形には、実は、こうした書き手の感情が盛り込まれているのだ。進行形には進行の意味があるだけではないのだ。こういったことも知らないと、進行形が本来もつ本当の意味合いといったものをつかみそこねてしまう。

Hatakeyama's Comments!

日本の大学の英語名称は何かと厄介である。いろんなパターンがあるからだ。東京大学は The University of Tokyo である。Tokyo University ではない。しかも The がつく。一方、筑波大学は University of Tsukuba で The がつかない。さらに愛媛大学は、The University of Ehime でもなければ University of Ehime でもなく Ehime University である。日本語の表記の語順そのままである。蛇足ではあるが、前置詞 of には本質的に「所有」の意味がある。そのため、of の後ろには地名ならこられるが時代はこられない（地名は所有する力をもっているが時代はもっていない）。だからこそ、明治大学は The University of Meiji とならなければ University of Meiji ともならず Meiji University となる。何かと面倒くさい日本の大学の英語名称である。

豆知識

スピーチでは、この 018 をジョブズが発したところで、卒業生からどっと笑いが起こる。スタンフォード大学で勉強するとなると、生活費など含めて、1 年でざっと日本円にして 560 万円ほどかかる。4 年で卒業するとして、軽く 2000 万円はかかってしまうのだ。年収 1000 万円あっても子どもをスタンフォード大学にいかせるのはかなりきつい。ジョブズの育ての親の収入が年収 1000 万円もあるとは思えない（014 参照）。それにもかかわらず、ジョブズはスタンフォード大学並に授業料の高い大学に入学してしまったのだ。

No. 019

After six months, I couldn't see the value in it.

意訳

入学して 6 ヶ月、私は大学に価値を見出すことができませんでした。

解釈と訳のポイント

017 の And 17 years later I did go to college では数値がアラビア数字で書かれていた。一方ここでは、After six months というように

数値がスペルアウトされている。英語には、10 未満の数（つまり 1 から 9）はスペルアウトし、10 以上の数（つまり 10, 11, 12 …）はアラビア数字で書くという決まりがあるからだ。数値の表記の仕方については他にもいろいろ決まりがある。たとえば、文頭には数字をもってきていけないとか、5 桁以上の数字には 3 桁ごとにコンマをふらないといけないといったものがある。こういったことは英語を書く上でのマナーとして覚えておいた方がいい。I couldn't see the value in it の it はジョブズが入学したリード大学を指している。代名詞が出てきたらとにかく何を指しているかいちいちチェックするようにしよう。002 も参照。

Hatakeyama's Comments!

ジョブズだけでなくほとんどの人が、大学に入って半年ぐらいで「イメージしていたのと違う……」と思うのではなかろうか。大学に過大な期待と幻想を抱いて入学しないこと。これが大学生活を有意義に、そして楽しく送る鉄則ではないかと思う。人との付き合いも同じである。私のように他人に期待しないようになると生きるのが楽になる。

豆知識

当時、ヒッピーたちは素足でよく歩いていたこともあり、ジョブズは大学に行くにも素足だった。また、当時のヒッピー同様、ジョブズも LSD をやっていた。ちなみにジョブズは 1970 年から 1974 年までマリファナとハシッシ、それに LSD をやっているが、LSD は 15 歳のときに既に手を出している。そのきっかけをつくったのが、当時同棲していたクリスアン・ブレナンである。クリスアンについては 047 で詳しく触れる。

No. 020

I had no idea what I wanted to do with my life and no idea how college was going to help me figure it out.

意訳

自分はこれから何をしたいのかわかりませんでした。また、大学が私にそれをわからせてくれるようにも思えませんでした。

解釈と訳のポイント

等位接続詞 and は no idea what I wanted to do with my life と no idea how college was going to help me figure it out を結びつけている。and や but、そして or といった等位接続詞は、原則、同じタイプのもの同士を結びつける。よって、名詞句は名詞句と結びつけられるし、動詞句は動詞句と結びつけられる。小さな単語ではあるが、and や but や or を見かけたら、それらが何と何を結びつけているかチェックするようにしよう。さて、Do you have any idea where Hatakeyama bought that vintage guitar? という言い方の他に Do you have any idea of where Hatakeyama bought that vintage guitar? という言い方もある。よって、no idea what I wanted to do with my life と no idea how college was going to help me figure it out の部分がイマイチ読みにくいのであれば、no idea の後ろに of を補って読んでやるといいであろう。多少なりとも読みやすくなるのではないだろうか。ちなみに、この前置詞 of は同格を表す of と考えてよく、The news that two Japanese had been killed by IS was great shock to us の接続詞 that と機能的には同じである。この接続詞 that も同格の意味合いをもっているからだ。同格の that 節を導く名詞として、news の他に、idea や report、そして hope や information や

thought がある。

Hatakeyama's Comments!

これから何をしたいかわからないというのは、結局、自分は人より何がすぐれていて、自分のアピールできるものが何かわかっていないということだ。自分のセールスポイントがわかるということは、自分のことをわかっているということであり、これさえわかれば、この先何をしていきたいか自ずとわかるというものだ。

豆知識

大学入学と同時に大学に絶望してしまえるのは、ある意味、知能が高く早熟だったからだともいえる。ちなみに、ジョブズは小学校４年生の終了時に知能テストを受けたところ、かなり知能指数が高かった。そのため、ジョブズは１年飛び級することになる。036 でジョブズの小学校時代の先生イモジーン・ヒルが紹介されるが、その先生が、まさにジョブズが飛び級した時のクラスの担任だったのである。また、もう一人の「スティーブ」のウォズニアックは天才的な頭脳をもち、小学校６年生の時に受けた IQ テストでは、なんと、200 を超えていた。ウォズニアックの天才ぶりについては、『アップルを創った怪物：もうひとりの創業者、ウォズニアック自伝』（ダイヤモンド社）を参照されたい。

No. 021

And hcrc I was spending all of the money my parents had saved their entire life.

意訳

そうやって私は、両親が一生かけて貯めてくれたお金を全部大学で使い切ろうとしていたのです。

解釈と訳のポイント

英語は、原則、2つの名詞を連続させることができない。もし2つの名詞が連続していたら、その間に関係代名詞の省略を考えるといい（the book I bought yesterday では2つの名詞 the book と I の間に関係代名詞の that ないし which が省略されている）。これを念頭に all of the money my parents のところを見てもらいたい。ここでは、all of the money と my parents の2つの名詞が連続している。そこで、この2つの名詞の間に関係代名詞の省略を考えてやる。この省略された関係代名詞は、もうおわかりかと思うが、他動詞 saved の目的語として機能している。もちろん先行詞は all of the money である。このことからわかるように、their entire life は saved の目的語ではない。had saved を修飾する副詞である。よって、their entire life の前に前置詞の in や through を補って考えてやるとよい。前置詞句が副詞として機能することについては 008 を参照。

Hatakeyama's Comments!

親が汗水流して貯めたお金を大学の授業料などで使い切ってしまう— これは都内で一人暮らしをしている私立大学生にもいえるのではなかろうか。普通のサラリーマンであれば、子どもが東京で一人暮らしをしながら私立大学（とくに理系の大学）に行ったら、貯金はほとんどなくなってしまう。大学に行ったがために家の貯金を使いきってしまう事態、これは何もジョブズだけに限った話でもないであろう。

豆知識

ジョブズは親のすねをかじっていただけでなく、多少なりとも自分でお金を稼いでいた。ジョブズは、当時、ウォズニアックと2人で、電話料金を払わずに長距離電話ができるブルーボックスという装置をつくった。そして、これを売って小銭を稼いでいた。もちろん、これは違法で犯罪である。有名な話ではあるが、ジョブズとウォズニアックは、このブルーボックスを使ってバチカン宮殿に電話をし、教皇を電話に呼びだそうとした。ジョブズとウォズニアックはこの手のいたずらをよくしては周りの人を困らせていた。2人はいたずらの達人でもあったのだ。実は、'I don't think there would have ever been an Apple computer had there not been blue boxing（ブルーボックスがなかったらアップル・コンピュータもまず存在していなかっただろうね）' とジョブズが語っているように、このブルーボックスの成功体験がアップル・コンピュータのスタートアップにつながっている。ちなみに、このジョブズの発言であるが、文法的には仮定法過去完了であり、had there のところで if が落ちて主語（there）と助動詞（had）の倒置が起きている。つまり、もともとは I don't think there would have ever been an Apple computer if there had not been blue boxing といった文であったのだ。受験英語で定番の文法事項であるが、受験英語を完璧に理解していないと、ジョブズのいわんとしていることが理解できないのだ。仮定法過去完了については 036 で詳しく見る。

ブルーボックス

No. 022

So I decided to drop out and trust that it would all work out okay.

意訳

そこで私は、大学を辞めると意を決し、そしてこれでいいんだと自分に言い聞かせました。

解釈と訳のポイント

等位接続詞 and は、drop out と trust that it would all work out okay を結びつけている。等位接続詞が何と何を結びつけるかについては 020 を参照。The river froze solid は「川が凍ってコチコチになった」という意味であるが、solid は形容詞で、川が凍った結果を表している。同じように、it would all work out okay の okay も形容詞で、うまくいった（work out）その結果を表している。つまり、うまくいったその結果がバッチシ（okay）であることを意味しているのだ。The river froze solid を正しく解釈できる人のみが、it would all work out okay を正しく解釈できるといえよう。

Hatakeyama's Comments!

平成 26 年 9 月 25 日の文部科学省の発表によると、日本での中途退学者の総数は、全学生数（中途退学者と休学者を含む）2,991,573 人のうち 2.65%に当たる 79,311 人であるそうだ。毎年約 3%の学生がジョブズと同じような思いで大学を去っているのであろう。

豆知識

退学とひと口に言ってもいろいろある。まず、退学は大きく分けて自主退学と懲戒退学の 2 つがある。自主退学は自分の意志で辞めることで、懲戒退学は何か悪いことをして辞めさせられること。一般的に退学という場合、前者の自主退学を指す。また、退学には中途退学と満期退学の 2 つがある。中途退学は修業年限に満たないで辞めることで、満期退学は修業年限以上在籍したものの修了できずに辞めること。満期退学は「単位取得満期退学」とよんだりもする。このことからわかるように、いわゆる退学とは、自主退学であり、尚且つ中途退学であるものをいう。

No. 023

I was pretty scary at the time, but looking back it was one of the best decisions I ever made.

意訳

当時、私はかなり怖かったです。でも、あとで振り返ってみると、大学を中退したことは、これまで私が下してきた決断のなかでも最良のものでした。

解釈と訳のポイント

I was pretty scary at the time の pretty は副詞で scary を修飾している。強調の表現ではあるが弱めに発音される。つまり、ここだと修飾先の scary よりも少し弱めに発音される。looking back it was one of the best decisions I ever made の looking back は分詞構文。その分詞構文の主節に相当するのが it was one of the best decisions I ever made であるが、looking back の意味上の主語は主節の主語の it ではない。I was pretty scary at the time の主語の I である。これも変則的な分詞構文であるが（013 参照）、なんとなく読めてなんとなく意味がとれてしまう。なんとなく読めて読めたつもりになっているのが一番いけない。文法に基づいた正確な読みができてはじめて読めたといえる。one of the best decisions I ever made には make a decision が隠されている。関係節の I ever made に ever があるが、ever はその前に現れる最上級とセットになって「これまで～したうちで」の意味になる。だからこそ、先行詞 one of the best decisions の中に最上級の best があるのだ。

Hatakeyama's Comments!

ジョブズは最終的に人生に成功したから大学中退をポジティブにとらえることができているのであろう。そうでなかったら、さすがに 'one of the best decisions I ever made' とはいえないものだ。実は、IT 業界では、大学を中退して成功している人がかなりいる。たとえば、ビル・ゲイツ（マイクロソフト社の共同創業者）やマイケル・デル（デルの創設者）やマーク・ザッカーバーグ（フェイスブック創始者）がいる。他にも、アラシュ・フェルドーシ（ドロップボックス共同設立者）やマット・マレンウェッグ（ワードプレス創始者）やダニエル・エク（スポティファイ共同代表）やザック・シムズ（コードアカデミー創始者）がいる。デイヴィッド・カープ（タンブラー創始者）とピート・カシュモア（マッシャブル創始者）は大学にも行っていない。大学を卒業したら IT 業界で大成功を収めることはできないといったところだろうか。

ビル・ゲイツ

豆知識

恐怖は、生理学的には、大脳辺縁系の扁桃体で生み出されている。扁桃体に問題を抱える病気にウルバッハ・ビーテ病（Urbach-Wiethe disease）というのがあるが、この病気を患うと恐怖を感じなくなる。それどころか、恐怖に対して強い好奇心を抱くようになる。

（写真:Picture Alliance/ アフロ）

No. 024

The minute I dropped out I could stop taking the required classes that didn't interest me, and begin dropping in on the ones that looked far more interesting.

意訳

大学を辞めたと同時に、私は、興味のない必修科日の授業に出る必要がなくなりました。その代わり、私は、自分にとってずっと興味深く感じられる授業をいくつかモグリで聴講することにしました。

解釈と訳のポイント

the minute は接続詞で「〜するとすぐに」の意味。as soon as で置き換えることができる。等位接続詞の and は stop taking the required classes that didn't interest me と begin dropping in on the ones that looked far more interesting を結びつけている。つまり、could はこの2つの動詞句の助動詞として機能している。stop taking では、stop は動名詞の taking を目的語としてとっている。stop は動名詞の他に to 不定詞もその後にとることができる。ただ、動名詞がくる場合と to 不定詞がくる場合では意味が異なる。たとえば、stop playing the guitar だと「ギターを弾くのをやめる」の意味だが、stop to play the guitar だと「ギターを弾くために立ち止まる」の意味である。looked far more interesting の far は副詞で比較級の more interesting を修飾している。比較級を強調するのによく far が使われる。

Hatakeyama's Comments!

比較級を強調するのによく far を使う。ところで、数値を強調するにはどうしたらいいだろうか。実は、同等比較を使うと数値を強調することができるのだ。たとえば、2013 年 6 月 17 日付の All Things D にあった記事のタイトル 'Apple Discloses Government Requests on as Many as 10,000 Accounts（1 万ものアカウントの情報を提出するよう、政府から要請があったとアップルが告白）' であるが、意訳の「1 万もの」からわかるように「1 万」が強調されている。もうおわかりかと思うが、強調しているのは as Many as の同等比較の部分である。もし as Many as がなければ「1 万のアカウントの情報を提出するよう、政府から要請があったとアップルが告白」という意味になる。つまり強調のニュアンスがなくなる。このように、数値を強調したいときは同等比較を使うといいのだ。「'as {many/much/few/little} as 数値 ' は数値を強調した表現である」という英文法の裏ワザを知っていると英文の読解力がワンランクアップする。

豆知識

必修科目とは、卒業までに必ずとらないといけない科目のこと。必履修科目ともいう。ほとんどの大学で英語が必修科目になっているが、英語の単位 1 つ足りないばかりに卒業できなかったりすることが（よく）ある。

No. 025

It wasn't all romantic. I didn't have a dorm room, so slept on the floor in friends' rooms.

意訳

とはいうものの、何から何までハッピーだったというわけではありません。私は寮に泊まれなくなったこともあり、友人の部屋の床に寝かせてもらいました。

解釈と訳のポイント

It wasn't all romantic には all と否定の単語 not があるが、この文は全否定の文ではなく部分否定の文である。モグリ生活をエンジョイしていたかのように見えるかもしれないが、実は、居住関係ではいろいろ苦労していた。だからといって、悲惨な生活に嫌気をさしていたかというと、次の 026 の I loved it からもわかるように、そうでもない。だからこそ、It wasn't all romantic は全否定の文ではなく部分否定の文であるのだ。dorm は dormitory の略式形。イギリス英語だと hall of residence になる。slept on the floor in friends' rooms の friends' については 001 と 018 を参照。

Hatakeyama's Comments!

大学を辞めたらもう寮にはいさせてもらえない。だからといって、アパートを借りるわけにもいかない。お金がないからだ（お金がないことは次の 026 を読むとわかる）。そこで友人の部屋の床に寝かせてもらったとのことだが、friends' の複数形からわかるように、何人もの友人の部屋を渡り歩いていたようだ。ジョブズも大変だっただろうが、変人のジョブズを迎え入れる友人もさぞ大変だったことだろう。ジョブズの変人ぶりについては 046 を参照。

豆知識

寮とは、学校が学生のために、そして企業が社員のために用意した宿舎のこと。大学の寮は基本的に相部屋であるが、最近は個室のところも増えてきている。でも、トイレと風呂は共同。基本的に自治が保証されていることもあり、寮の管理運営は寮生（つまり学生）だけで行われている。

No. 026

I returned coke bottles for the five cent deposits to buy food with, and I would walk the seven miles across town every Sunday night to get one good meal a week at the Hare Krishna temple. I loved it.

意訳

食べ物を得るために、コーラの瓶を返却しては 5 セントもらっていたり、週に一度だけまともな食事にありつくため、クリシュナ寺院まで毎週日曜日、7 マイル歩いたものです。でも、こんな生活が私は大好きでした。

解釈と訳のポイント

for the five cent deposits の for は「〜と引き換えに」の意味の for。前置詞 for には「〜と引き換えに」の意味の他に、「〜に向かって」や「〜のために」や「〜時間で」の「で」の意味などいろいろある。前置詞の意味をしっかり理解するだけで英文を読むスピードが上がるだけでなく読みの精度も一気に上がる。to buy food with の with は「その 5 セントで（with the five cent deposits)」の「で」の意味。I would walk the seven miles であるが、the seven miles の前にforを入れてもいい。「for 距離」のforはつけてもつけなくてもどちらでもいいのだ。同じことが「for 時間」についてもいえる。ただし、この前置詞句が否定文の中で使われたり、文頭にあるときはforを省略することができない。よって、The bus will not arrive for half an hourのforは省略できないし、For the seven miles I would walkのForも省略できない。たかが前置詞、されど前置詞である。前置詞については008も参照。I would walk the seven milesのwouldは「〜したものだった」の意味を表すwould。このwouldはoftenなどの副詞といっしょに使うのが普通。その意味では、ここのI would walk the seven milesもI would often walk the seven milesのようにした方がより自然。ちなみに、wouldは主観的な感情をたっぷり込めて過去を懐かしむときに使う。その一方、used toは客観的な視点から「昔は〜だった」と過去の事実をたんたんと述べるときに使う。1マイルは約1.6kmなので7マイルは約11.3kmということになる。

Hatakeyama's Comments!

昔はよく、ビール瓶や一升瓶を酒屋さんにもっていっては5円（1本あたり）もらったものだ。たぶん今でも空瓶を酒屋さんにもっていったら換金してくれると思うが。さて、ジョブズは、get one good meal a weekからわかるように、1週間に1回しかまともな食事にありつけなかったようだ。こんな生活も若いからできたのであろう。かくいう私も若い頃はジョブズと変わらない生活をしていた。パンの耳ばかり食べていて栄養失調になって目が見えなくなったことがある。

豆知識

クリシュナ寺院にはジョブズ1人で行っていたわけでなく、友人のフリードランドとコトケ、それにエリザベスの4人で行っていた。コトケはジョブズのルームメイトで、導師を求めていっしょにインドにも行っている。また、その後アップルの社員にもなっている。ジョブズは、

1982年のTIME誌のMan of the Yearの候補に挙がっていた。しかし、リサがジョブズの娘であることをコトケがTIME誌の記者に話してしまい、ジョブズはMan of the Yearの候補から外されてしまう。ジョブズはそのことをずっと根にもっていた。リサについては047を参照。ちなみに、いっしょにクリシュナ寺院に行っていた紅一点のエリザベスはコトケのカノジョ。これまた蛇足だが、ジョブズはエリザベスに肉体関係の申し出をするがあっさり断られている。いっしょにクリシュナ寺院に行っていた最後の1人、フリードランドであるが、彼はジョブズにとってカリスマ的な存在でジョブズより4歳年上。この4人の関係については『スティーブ・ジョブズ 1』（講談社）を参照されたい。著者はヤマザキマリ（『テルマエ・ロマエ』の作者）であるが、とてもいい本というかマンガである。おすすめ。

No. 027

And much of what I stumbled into by following my curiosity and intuition turned out to be priceless later on.

意訳

そして、自分の関心と直観に従ってとった行動のほとんどが、その後、私にとってかけがえのないものとなっているのです。

解釈と訳のポイント

主語はmuch of what I stumbled into by following my curiosity and intuitionである。よく、英語は長い主語を嫌うといわれたりするが、そんなことはない。たとえば、2014年1月17日付のiGamerResponsibly.comにあった記事（Microsoft Is Offering YouTube Personalities Good Money To Promote Xbox One）の一文‘Reports surfaced earlier this evening that Microsoft was paying YouTube influencers a fistful of dollars to promote Xbox One have now been confirmed.（今

晩明らかになったことだが、マイクロソフトがユーチューバーにお金を渡し Xbox One の宣伝をしてもらっていたようだ)' の主語は Reports surfaced earlier this evening that Microsoft was paying YouTube influencers a fistful of dollars to promote Xbox One であるが、これも長い。短い主語もあれば長い主語もある。それだけのことである。priceless には否定の接尾辞 -less がついているが、「価値がない」という意味ではない。その逆で「非常に価値がある」という意味である。つまり、「価値がつけられないほど価値がある」という意味である。同じことが invaluable にもいえる。

Hatakeyama's Comments!

この後を読むとわかるが、ここでいう intuition（直観）とは heart（自分にとって大事なもの）のことである。そして、ジョブズのいう「直観」とはいわゆる「勘」のことでもある。つまり、考えぬいた結果出てくる結論ではなく、考えずにたどりつける結論でもある。

豆知識

勘の重要性についてはいろんな人が指摘している。たとえば、松下幸之助（松下電器・パナソニックの創業者）は「習練の積み重ねの中から生まれる勘は、科学では及ばぬほどの正確性と的確性をもっている」ともいっているし、また「勘のよさがなにごとにおいても必須条件の1つである」ともいっている。さらに小柴昌俊（物理学者）は「何度も失敗して経験を重ねると勘が冴えてくる」ともいっているし、中村寅吉（プロゴルファー）は「勘とは頭の働きではなく不断の練習の結果生まれるものだ」ともいっている。経験を積むと勘が身につき、その勘は考えぬいた結果出る結論よりも正確であるということだ。

No. 028

Let me give you one example: Reed College at that time offered perhaps the best calligraphy instruction in the country.

意訳

具体的な話を1つ紹介しましょう。当時リード大学は、アメリカでもおそらく1番のカリグラフィの授業をしていました。

解釈と訳のポイント

Let me give you one example: のコロン（:）は具体例を導く標識のようなもの。英文を読んでいてコロンが出てきたら、その後には具体例がくると期待してよい。2006年12月11日号のNewsweekにあった記事（How Google Translates）の一文 ‘Though the study wasn’t designed as a product review, its results are striking: out of 40 programs, Google’s ranked in the top three in every category.（この米国国立標準技術研究所の研究は、プロダクト・レビューを目的にして行ったものではないが、その結果は目を見張るものであった。40ある翻訳ソフトのうち、グーグルの翻訳ソフトは、どの部門でもトップ3にランクインするほどのものであった。）’ にしても、コロンの後ろにits results are strikingの具体的な内容が紹介されている。

Hatakeyama’s Comments!

Let me give you one exampleのletは「許可」を表す使役動詞。letの後ろにはやらせてやる（許可してやる）人などがきて、その後に動詞の原形がくる。「人など」と書いたのは「人」以外にもあるからだ。そのいい例がLet it go（映画『アナと雪の女王』のテーマソング）や Let it be（ビートルズの曲名）である。ちなみに、意外と知らない人がいるのだが、let's は let us の略式形である。ただし、let us になると「〜しよう」の意味ではなく「私たちに〜させてください」の意味になる。

豆知識

ABCDEFGHIJKLM
NOPQRSTUVWXYZ
ABCDEFGHIJKLMN
OPQRSTUVWXYZ
ABCDEFGHIJKLMN
OPQRSTUVWXYZ

カリグラフィとは、文字を美しく見せるための技法ならびに手法のこと。文字を美しく見せるということでは書道と同じだが、カリグラフィではペンを使うため書道とは区別される。

No. 029

Throughout the campus every poster, every label on every drawer, was beautifully hand calligraphed.

意訳

リード大学のキャンパスのどこもかしこも、どのポスターも、そしてどの引き出しについているどのラベルも、すべて手書きですばらしいカリグラフィが施されていました。

解釈と訳のポイント

この文の主語は every poster, every label on every drawer である。主語が every poster と every label on every drawer の 2 つからなるから、理屈でいけば動詞は was でなく were になるはずだ。でもここでは was になっている。every は単数形の動詞をとるので、それに引きずられて were が was になってしまっているのだ。hand calligraphed であるが、これはハイフンでつないで hand-calligraphed とした方がいい。it was calligraphed by hand beautifully がもとの形で、このもとの形では hand に by がついている。このようにもともと前置詞がついているものを動詞の中に組み込むときは通常ハイフンを入れる。同じことが、2014 年 6 月 3 日付の Gizmodo.com にあった記事（Google's First Fashionable Glass Frames: Perhaps Not That Fashionable?）の一文 'We've long known that Google wanted to make Glass fashionable, and now it's teamed up with Diane Von Furstenberg to create a series of alternative frames for its face-mounted computer.（グーグル・グラスがもっとファッショナブルだったらとずっと思っていたのだが、DVF（Diane Von Furstenberg）とタイアップしておしゃれなフレームのグーグル・グラスができあがった）' にもいえる。ここでも face と mounted がハイフンで結ばれて face-mounted となっているが、理由はもうおわかりのように、a computer which is mounted on face といったものがもともとあったからだ。つまり face にはもともと前置詞の on がついていたからだ。

Hatakeyama's Comments!

まだコンピュータが普及していなかった頃、図書館で本を検索しようと思ったら、膨大な数の図書目録のケースからカードを探しだして、どの棚のどこに本があるか調べたものだ。図書館によっては、引き出しにはられていたラベルのアルファベットが芸術的に美しかった。おそらく、ラベルを書いた図書館の司書さんがカリグラフィを学んでいたのであろう。

豆知識

「キャンパス」はもともと「敷地」の意味であるが、最近は「大学」や「大学構内」の意味でよく使われる。たとえば「東京農工大学の工学部は小金井キャンパスにあり、農学部は府中キャンパスにある」といった感じで使われる。また最近では、「オープンキャンパス」や「サテライトキャンパス」といったことばも定着しつつある。「オープンキャンパス」とは、入学を希望する高校生などを対象に大学構内を案内する催しのことで、「サテライトキャンパス」とは、大学の本部から離れたところにある出張所的なキャンパスのことをいう。通学者ならびに利用者の利便性を考えて、サテライトキャンパスはよく大都市の駅の近くに（あるビルの一角に）ある。

No. 030

Because I had dropped out and didn't have to take the normal classes, I decided to take a calligraphy class to learn how to do this.

意訳

私は大学を辞めて通常の授業をとる必要もなくなったので、カリグラフィの授業をとってカリグラフィのやり方を学ぼうと意を決しました。

解釈と訳のポイント

ここでは「授業をとる（受ける）」の意味で take a class が使われている。「授業をとる（受ける）」を意味する表現としては、他に attend a class や go to a class がある。ちなみにイギリス英語だと、take a class は「先生が授業をもつ」という意味になる。したがって、ジョブズがもしイギリスでスピーチをしたら、ジョブズが先生で「授業をもつ」という意味にとられかねない。が、文脈からそう解釈されることはまずない。さて、「先生が授業をもつ」を意味する表現であるが、イギリス英語の take a class の他に give a class もある。

Hatakeyama's Comments!

大学を辞めたのだから、もう授業に出てはいけない。というか、授業に出る資格はない。でも、知的好奇心のあったジョブズは、無銭飲食ならぬ無銭聴講（通称モグリ）をしたわけだ。かくいう私も、学生の頃は、空いた時間によく他学科や他学部の授業に出ていたりした。そんな私であったから、私の授業にモグリで他大学生が聴講してきていたりするが、若い頃の自分を思い出して大目に見てやっている。

豆知識

ジョブズは、カリグラフィの授業の他に、シェイクスピアや詩、それにダンスの授業に出ていた。ダンスの授業に出ていたのは、もちろん、女の子と手をつなげる（し、ナンパするチャンスがある）からだ。ジョブズはエレクトロニクスが大好きであったが、それと同じくらい、文系的なことというかスピリチュアルなことにも興味があった。ジョブズは理系と文系の交差点にいる人間であったのだ。ジョブズ自身、理系と文系の両方の素養のある人間にこそ大きな価値があると考えていた。

No. 031

I learned about serif and san serif typefaces, about varying the amount of space between different letter combinations, about what makes great typography great.

意訳

セリフのついたフォントとそうでないフォントについて、文字と文字の間のスペースをどう調整したらいいかについて、そして、このすばらしいカリグラフィがなぜかくもすばらしいのかについて学びました。

解釈と訳のポイント

3 つのものを等位接続詞で結びつけるときは、英語では、α, ß, and γ の形をとる。よって、about what makes great typography great の前に and を入れた方がよい。また、makes great typography great は make α ß の形のものであり、α に相当するのが great typography で、ß に相当するのが great である。さて、ここでは learn about の形で使われているが、別に about はなくてもいい。つまり、I learned serif and san serif typefaces, varying the amount of space between different letter combinations, and what makes great typography great でも英語として何ら問題がない。しかし、about があるのとないのとでは大きな意味の違いがある。learn だけだと、実際に手足を使って、つまり実習して学んだ感じがあるが、learn about だと、実際に手足を使って学ぶというよりは、頭を使って理論や仕組みを学ぶ感じがある。ジョブズは、おそらく、カリグラフィの理論面について学んだのだろう。それで learn ではなく learn about の形を使っているのであろう。

Hatakeyama's Comments!

何かを学ぶには learn と learn about の両方が必要だ。英語にしても、実際に書いたり話したりといった learn だけでなく、文法を学ぶといった learn about も必要である。音楽にしても、楽器を実際にさわって learn する必要があれば、音楽理論を学ぶ learn about も必要である。どちらかだけではある程度のところまでは上達するが、それ以上の上達は望めなかったりする。

豆知識

セリフとはフォントの角にある「ヒゲ」のことで、このヒゲがあるのをセリフ、ないのをサンセリフという（「サン」は「ない」の意味）。セリフには TimesNewRoman や Georiga が、サンセリフには Arial や Verdana がある。日本語のフォントにもセリフとサンセリフに相当

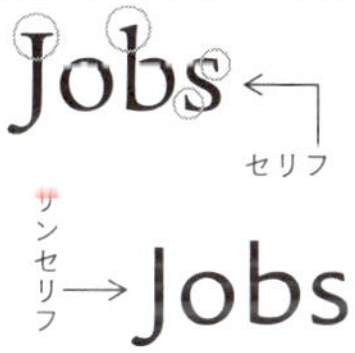

するものがあり、明朝体（たとえばヒラギノ明朝や小塚明朝）がセリフタイプで、ゴシック体（たとえばヒラギノ角ゴや小塚ゴシック）がサンセリフタイプである。セリフは長文に向いているがサンセリフは向いていない。その一方、サンセリフは目立つのでタイトルやキャッチコピーに向いているがセリフはタイトルなどには向いていない。

No. 032

It was beautiful, historical, artistically subtle in a way that science can't capture, and I found it fascinating.

意訳

カリグラフィは美しく、歴史があり、そして科学では捉えることのできない美的な繊細さをもつこともあり、私はカリグラフィの虜になってしまいました。

解釈と訳のポイント

It was beautiful, historical, artistically subtle はα, ß, and γのパターンである（beautiful がαで、historical が ß で、artistically subtle がγである）。よって、artistically の前には and を入れた方がいい。受験英語で、This woman is too heavy for me to carry では carry の後ろに her を置かなくていいが、This woman is so heavy that I cannot carry her では carry の後ろに her を置かないといけないことを習ったかと思う。This woman is so heavy that I cannot carry her で目的語の her が必要なように、in a way that science can't capture でも目的語の it が必要であると思われるかもしれない。でも、ここでは it は必要ない。なぜならば、in a way that science can't capture の that は関係代名詞であり、動詞 capture の目的語として機能しているからだ。もし本文の in a way that が in such a way that だったら、This woman is so heavy that I cannot carry her と同様、capture の後ろに目的語の it を置かないといけない。なぜならば、in such a way that の that は、so heavy that の that と同様に、関係代名詞ではなくたんなる接続詞の that であるからだ。I found it fascinating の it は calligraphy を指している。これは文脈から判断するしかない。

Hatakeyama's Comments!

均整のとれた美の中に黄金比を見出すことができたりする。美を定量的に評価できないこともないが、定性的にしか評価できない美というものもある。ただ、個人的には、フォントの美しさはある程度定量的に（つまり数値を使って）評価できるのではないかと思っている。

豆知識

黄金比とは1：$(1+\sqrt{5})\div 2$（約1：1.618）の比のことをいい、視覚的にもっとも安定していて見た目が美しいとされている。黄金比は、ピラミッドやパルテノン神殿、ミロのビーナスやモナリザの絵画に見られる。また、テレビやパソコンの画面の規格にも用いられているし、iPhone のデザインの１つ１つにも黄金比が見られる。ちなみに白銀比というのもあり、これは1：$\sqrt{2}$ の比のことをいうが、法隆寺の形状や日本古来の建築や彫刻に見られる。また、ドラえもんやアンパンマンのサイズにも見られる。日本人にしっくりくる比、それが白銀比であるともいえる。

No. 033

None of this had even a hope of any practical application in my life.

意訳

私の人生でこれが実際に役に立つかどうかはまったくわかりませんでした。

解釈と訳のポイント

even と any が使われていることから、カリグラフィの知識が今後役に立つなんてこれっぽっちも思っていなかったことがわかる。

Hatakeyama's Comments!

福井謙一も「自分のやりたい学問と距離のある学問であればあるほど、後になって創造的な仕事をする上で重要な意味をもってくる」(『学問の創造』) と言っている。意外な知識が意外なところで役に立ったりするのだ。

豆知識

役に立つかどうか、そういった損得で生活していたら日々の生活は味気ないものになってしまうし、最終的に役立つこともあまりないであろう。とにかく、あまり損得や結果を考えず、今日やるべきことを確実に、そして着実にこなしていくのが一番ではなかろうか。イチローも「「やれることはすべてやる」それを毎日継続して行うのは一番苦しいことであり、とても大変なことである。でも、それさえちゃんとしていれば、結果が出てない時でも後悔せずに満足できる」と言っている。

No. 034

But ten years later, when we were designing the first Macintosh computer, it all came back to me.

意訳

でも、10 年後、マッキントッシュを開発していた時に、その時学んだことがすべて思い出されたのです。

解釈と訳のポイント

it all came back to me の it は 033 の None of this の this を指している。細かいことではあるが、こういった代名詞のチェックを怠ると正確な読みがいつまでたってもできない。

Hatakeyama's Comments!

興味本位で学んだカリグラフィの知識が 10 年後に役に立ったとのこと。学問（とくに教養科目）というのは即効性がなかったりする。すぐには役立たない学問がずっと先になって大いに役に立ったりする。

豆知識

Macintosh という名称はリンゴの品種名である McIntosh からきている。Macintosh の開発者であるジェフ・ラスキンがリンゴ好きであり、それで Macintosh という名がついた。ちなみに McIntoch の日本語名は「旭」である。

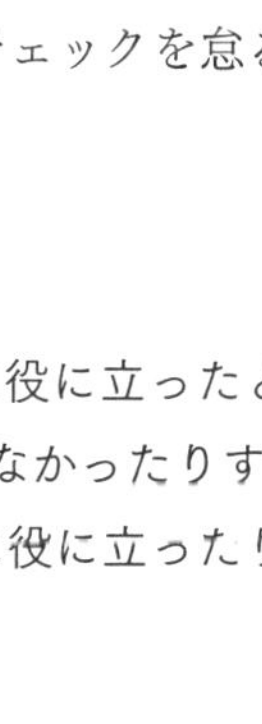

マッキントッシュ

No. 035

And we designed it all into the Mac. It was the first computer with beautiful typography.

意訳

そして、学んだことすべてをMacに注ぎ込んだのです。そうやってMacは美しいフォントをもつ世界で最初のコンピュータとなったのです。

解釈と訳のポイント

typographyの語末にある-graphyは、「書法・画法」や「記録」の意味をもつ接尾辞。ちなみに-graphyをともなう語は、-graphyの直前の音節に第一アクセントがくる。接尾辞-graphyに似ている接尾辞に-graphがあるが、これは「〜を書く・描くもの」や「〜を書く・描く・記録する器具」の意味をもつ。よって、photographは「写したもの」ということで「写真」となり、phonographは「音を記録する器具」ということで「蓄音機」となる。

Hatakeyama's Comments!

抽象的で難しい単語が出てきても安心していい。なぜならば、ほとんどの場合、既に出てきた単語の言い換えであるからだ。さらに、長い単語が出てきても安心していい。なぜならば、ほとんどの場合、接頭辞や接尾辞がくっついて長くなっているだけだからだ。接頭辞（たとえば、ex-やdis-やmis-やanti-）は単語の意味は変えるが品詞は変えない。その一方、接尾辞（たとえば、-nessや-icや-fulや-tion）は単語の意味は変えないが品詞は変える。だからこそ、unhappiness（不幸）はun-によってhappyの意味が否定され、さらに-nessがついて形容詞のhappyが名詞に変わっている。同じことが日本語にもいえる。日本語の接頭辞（たとえば、「お線香」の「お」や「か細い」の「か」や「ひっ掻く」の「ひっ」）も単語の意味は変えるが品詞は変えない。その一方、接尾辞（たとえば「暑さ」の「さ」や「寂しげ」の「げ」や「嘘っぽい」の「っぽい」）は単語の意味は変えないが品詞は変える。だからこそ、「か細さ」は「か」によって「細い」に「繊細さ」といった意味が付け加わり、さらに「さ」がついて形容詞の「細い」が名詞に変わっている。文は語や句に分解できるが、単語も接頭辞や接尾辞に分解できる。そして、こういった分解ができて、はじめて、文ならびに単語の意味が理解できるのだ。

豆知識

今でもそうだが、Windows のフォントにはシャギー（ギザギザ感）がある。一方、Mac のフォントにはシャギーがない。もしジョブズがカリグラフィの授業にモグッていなかったら、今頃 Mac のフォントもギザギザしていることであろう。

No. 036

If I had never dropped in on that single course in college, the "Mac" would have never had multiple typefaces or proportionally spaced fonts.

意訳

もし私がカリグラフィの授業にモグることがなかったら、Mac は多彩なフォントをもつことがなければ、文字間の調整がとれたフォントをもつこともなかったでしょう。

解釈と訳のポイント

この文は仮定法過去完了の文である。仮定法過去完了は、受験英語でやったかと思うが、名称こそ「過去完了」となっているが、過去に関する仮定の話である。外見（名称）と中身（意味）にズレがあるので要注意である。009 も参照。さて、仮定法過去完了は「If＋主語＋had＋過去分詞…, 主語＋助動詞の過去形＋have＋過去分詞」の形をとり、本文もこの形にしたがっている。ところで、仮定法過去は「If＋主語＋過去形…, 主語＋助動詞の過去形＋動詞の原形」の形をとるが、本文は、仮定法過去完了と仮定法過去のハイブリッドの形にして、If I had never dropped in on that single course in college, the "Mac" would never have multiple typefaces or proportionally spaced fonts と書くこともできる。なぜならば、Mac が多彩なフォントをもち、文字間の調整がとれたフォントをもつことは今でもいえることだからだ。それにもかかわらず、あえて正統な仮定法過去完了の形で書いているのは、おそらく、1 つの可能性として、the "Mac" would have never had multiple typefaces or proportionally spaced fonts の the "Mac" が初期の Mac を指しているからだ。If I had never dropped in on that single course in college の that single course はカリグラフィの授業のこと。

Hatakeyama's Comments!

1995 年にジョブズがインタビューで教育に関して応えたものに、'I'm 100% sure that if it hadn't been for Mrs. Hill in fourth grade and a few others, I would have ended up in jail（4 年生の時にヒル先生や他の先生に会わなかったら、私は 100% 留置所送りになっていたことでしょう）' というのがあるが、これは、もうおわかりのように、仮定法過去完了の文である。受験英語の定番である仮定法過去完了であるが、ちゃんとマスターしていないと、ジョブズのスピーチもインタビューも完璧に理解できないのだ。仮定法過去完了は受験英語のためだけにある文法事項ではないのだ。

豆知識

私が今使っている MacBookPro にある FontBook のフォルダーを開いてみたところ、200 種類ほどのフォントがあった。どのフォントにも個性があり芸術的である。これだけ豊富な、しかもこれほど美しいフォントがとり揃えられているのも、すべて、ジョブズの文字に対するこだわりのおかげである。

No. 037

And since Windows just copied the Mac, it's likely that no personal computer would have them.

意訳

それに、Windows はたんなる Mac のパクリですから、もし私がリード大学でカリグラフィの授業にモグることがなかったら、今あるどのパソコンも、多彩なフォントをもつことがなければ、文字間の調整がとれたフォントをもつこともないでしょう。

解釈と訳のポイント

理由を表す接続詞には since や because がある。since は、それに続く陳述が周知のことであり、主節に比べてそんなに重要でないことを伝えるときに使う。また、使うにしても主節の前でも後でも使える。Windows が Mac をパクっているのは周知のことである。だからこそ、ここでは since が使われているのだ。一方 because は、主節よりも because 節をとくに伝えたいときに使う。また、because 節は使うにしても主節の後ろでしか使えない。だからこそ、037 では because は使われていないのだ。since Windows just copied the Mac では動詞が just によって強調されていることにも注意。動詞の強調については017も参照。さて、it's likely that no personal computer would have themであるが、助動詞のwouldが使われていることからわかるように、これは仮定法の帰結である。it's likely that no personal computer would have themの前に、if I had never dropped in on that single course in college（036の前半部分）がもともとあったのであるが、それが省略されているのだ。ただ、it's likely that no personal computer would have themの内容は今でもいえることであるから、省略されているif節が仮定法過去完了であっても、その帰結は仮定法過去になっているのだ。no personal computer would have themのthemは036のmultiple typefaces or proportionally spaced fontsを指している。

Hatakeyama's Comments!

仮定法のif節が省略され、その帰結部分のみが表わされているのは、if節がなくてもわかるからだ。つまり、文脈からif節が察せられるからだ。このように、if節がカットされ、いきなり仮定法の帰結の部分だけが現れることはよくある。たとえば、Would you open the wiondow?にしても、もともとあったIf you kindly granted my requestが省略されてできた文である。Would you open the window?はそもそも仮定法の文である。だからこそ、丁寧のニュアンスが出るのであり、wouldそのものに丁寧の意味があるわけでない。同じことがCould you spare me a few minutes?（ちょっとお時間いただけませんか）やMight I come in?（入ってもよろしいでしょうか）の丁寧表現の文にもいえる。これらの文が丁寧な言い方であるのは、これらの文がそもそも仮定法の帰結部分であるからだ。ちゃんとした文法の知識があると覚えることがぐんと減ってくるのだ。

豆知識

1973年にゼロックスのパロアルト研究所（PARC）がAltoというマシンを開発している。実は、このAltoのGUI（グラフィカル・ユーザ・

インタフェイス)をパクってつくられたのが Macintosh である。そして、Macintosh をパクってつくられたのが Windows である。スピーチでは、ジョブズがこの 037 を発言するやいなやどっと笑いが起こるが、「マックだって Alto パクってるし、人のこといえないじゃん」という意味での笑いでは、もちろん、ない。ちなみにジョブズは、'Picasso had a saying: good artists copy, great artist steal. And we have always been shameless about stealing great ideas.(ピカソはこんなことを言っています。「すばらしいアーティストはコピーし、偉大なアーティストは盗む。」だからこそ、私たちアップルは、すばらしいアイデアを盗むことに何ら後ろめたさを感じることはありません)' と言っていることからわかるように、ジョブズは他人のアイデアを盗むことに悪気を感じていない。

Alto

No. 038

If I had never dropped out, I would have never dropped in on that calligraphy class, and personal computers might not have the wonderful typography that they do.

意訳

つまり、もし私が大学を中退していなかったら、私はカリグラフィの授業をまず聴講することはなかったでしょうし、今あるコンピュータは、このようなすばらしいフォントをもつこともないということです。

解釈と訳のポイント

この文は 036 と 037 を 1 つの文にまとめたものといってよい。If I had never dropped out の部分が仮定法過去完了になっていて、それに呼応するように、I would have never dropped in on that calligraphy class も仮定法過去完了になっている。しかし、それに続く personal computers might not have the wonderful typography that they do は仮定法過去で書かれている。理由は、もうおわかりのように、I would have never dropped in on that calligraphy class は過去の仮定の話として扱われているのに対し、personal computers might not have the wonderful typography that they do は現在の仮定の話として扱われているからだ。personal computers might not have the wonderful typography that they do の最後にある they は personal computers を指している。代名詞が出てきたら、とにかく、何を指しているのかいちいちチェックするようにしよう。

Hatakeyama's Comments!

もし生みの母親に捨てられなかったら、そして、もし弁護士夫婦にジョブズがもらわれていたら……と考えると、いろんな偶然が重なって Mac はすばらしいフォントをもつに至ったのだと思う。

豆知識

「歴史に if はない」という E・H・カーの名言があるが、これは、「こうだったらよかったのに」という、未練がましく過去を振り返るのを戒めたものである。そして、歴史に if を持ち込んで過去をグチグチいう人たちのことを「might-have-been school（こうだったらよかったのに派、未練学派）」とよんだりする。もうおわかりのように、この might-have-been の部分が、まさに仮定法過去完了の主節の動詞句に相当するものである。

No. 039

Of course it was impossible to connect the dots looking forward when I was in college. But it was very, very clear looking backwards 10 years later.

意訳

もちろん、私が大学にいた時は、先を見越して点と点を結びつけることはできませんでした。でも、10 年経って振り返ってみると、あきらかに、点と点は結ばれていたのです。

解釈と訳のポイント

この文は 2 文で 1 文である。つまり、Of course ..., but ~（もちろん…だが､しかし～）として読む。同じタイプのものとして Sure ..., but ~ や Indeed ..., but ~ がある。Of course it was impossible to connect the dots looking forward when I was in college の主語 it は形式主語で、to connect the dots looking forward を指している（it の指している内容に when I was in college は入らない）。文末にある when 節（when I was in college）は it was impossible の部分を修飾している。to 不定詞節内にある connect や looking forward は修飾していない。

Hatakeyama's Comments!

but は逆接の接続詞であるが、逆接の接続詞には他に however や still、それに yet がある。but が一番普通に使われ、逆接の意味合いは however や still、それに yet に比べて弱い。また文頭でしか使えない。一方、however は but とは異なり、文頭だけでなく文中や文末でも使える。but より堅苦しく、かしこまった表現でもある。

still は but と同じように文頭でしか使えないが、but や however よりも逆接の意味合いが強い。yet も逆接の意味が強く、しかも but や however、それに still よりもかたい表現である。

豆知識

たしかに、点と点を結ぶと線ができる。が、実は、数学の定義に照らし合わせると、できない。点とは、定義上、面積をもたないものである。面積をもたないものは目に見えない。よって、ないもの２つを基準にして線をひくことはできない。線も、同じように、定義上、面積をもたない。よって、仮に２つの点を結ぶ線をひけたとしても、線は面積をもたないので見ることができない。点も線も定義上存在しない。でも、数学では存在するものとして幾何の世界を構築している。もしかしたら、私たちが日常経験している１つ１つの経験も、その経験を結びつけた人生も、すべて仮想のものかもしれない。点や線が一種の記号のようなものであるように、私たちの存在も経験も、そして人生も、すべて単なる記号にすぎないのかもしれない。点が位置をもつだけの仮想のモノであるように、私たち人間も時間の中に位置づけられた仮想のモノにすぎないのかもしれない。と、こんな戯言をエラソーに語れるのも、私たち人間が言語という実体のないたんなる記号を操れるからに他ならない。この手の無意味な文にシビれている人はまだ子どもである。もっとリアルな体験を積んでリアルな人生を歩んだ方がいい。軽くソーカル事件ごっこをしてみた。

No. 040

Again, you can't connect the dots looking forward; you can only connect them looking backwards.

意訳

もう一度いいますが、先を見越して点と点を結びつけることはできません。後から振り返ってしか結びつけることはできないのです。

解釈と訳のポイント

you can't connect the dots looking forward; のセミコロンであるが、このセミコロンは逆接の接続詞として機能している。セミコロンについては 013 も参照。you can only connect them looking backwards の only は looking backwards を修飾している。connect や them を修飾しているのではない。only は遠く離れたものも修飾できるので要注意である。016 も参照。only が出てきたらどこを修飾しているかチェックするようにしよう。

Hatakeyama's Comments!

only 同様、否定の単語 not も副詞であるが、否定語 not も遠く離れたものを修飾できる。たとえば、Yumi didn't marry Hideki because he was millionaire は「ユミはヒデキが大金持ちだったから結婚しなかった」という意味と「ユミはヒデキと結婚したが、それはヒデキが大金持ちだったからではない」という意味の 2 つの意味にとれる。前者は not が主節の動詞 marry を修飾しているが、後者は because 節を修飾している。このように、only だけでなく not も間近にあるものだけでなく遠くにあるものも修飾するが、どこを修飾しているかは文脈から判断するしかない。008も参照。

豆知識

人生は経験の積み重ねであり、経験が人生をつくりあげている。本田宗一郎（本田技研工業の創業者）も「人生は見たり、聞いたり、試したりの3つの知恵でまとまっているが、多くの人は見たり聞いたりばかりで一番重要な「試したり」をほとんどしない。ありふれたことだが、失敗と成功は裏腹になっている。みんな失敗を恐れるから成功のチャンスも少ない」と言っている。経験をしないことには失敗も成功もできない。試したり（つまりチャレンジ）した数だけ人生という線は太く長くなるのである。やってみないことにはわからないことがあれば、聞いて見ていただけではわからないことでも、1回やってみただけでわかることもある。松下幸之助も「百聞百見は一験にしかず」と言っている。経験しないことには人生は何もはじまらない。

No. 041

So you have to trust that the dots will somehow connect in your future.

意訳

だからこそ、点と点は、必ずや、将来、何らかの形で結ばれるのだということを確信してもらいたいのです。

解釈と訳のポイント

この文に使われているwillは「必然」のwillともよべるもので必然性を表している。だからこそ、意訳でもあえて「必ずや」という表現を入れている。この「必然」のwillが使われている文として、たとえば、ことわざのAccidents will happen（事故はどんなに気をつけても起こるものだ）をあげることができる。さて、本文041

では動詞 connect が使われているが、これは自動詞である。なぜならば、その後ろに目的語がないからだ。一方、040 で使われている動詞 connect は他動詞である。なぜならば、その後ろに目的語の the dots があるからだ。実は、英語のほとんどの動詞が自動詞用法と他動詞用法の 2 つの用法をもっている。つまり、自動詞や他動詞というのは存在せず、あるのは自動詞用法と他動詞用法だけだったりする。ある環境に現れるとある動詞は自動詞としてふるまい、別の環境に現れると他動詞としてふるまうだけのことである。

Hatakeyama's Comments!

will に必然性の意味があるように、実は、if …, then ~ の then にも必然性の意味がある。if …, then ~ という表現の他に、if …, ~ という then のないものもあるが、こちらには必然性の意味がない。数学や論理学のようにロジック（論理）を重視する学問では、まず、if …, ~ という then のない表現を使うことはない。数学や論理学では論理的必然性がすべてであるからだ。'If debugging is the process of removing bugs, then programming must be the process of putting them in（デバッグがバグを取り除く作業であるのなら、プログラミングは必然的にバグを組み込む作業になる)' はエドガー・ダイクストラ（オランダの計算機科学者）のことばであるが、if …, then ~ の形になっている。だからこそ、意訳ではあえて「必然的に」という表現を入れている。プログラミングをすれば必然的にバグが入ってしまう。これをダイクストラは皮肉を込めていっているのである。ジョブズのことばに 'If you look backward in this business, you'll be crushed. You have to look forward.（この世界では後ろを振り向いたら必ずや打ちのめされてしまう。とにかく前を向いてないといけない)' があるが、私はこれをあえて if …, then ~ 文として訳している。なぜならば、you'll be crushed の will が「必然」の will であるからだ。つまり、このジョブズのことばは「隠れ if …, then ~ 文」ともいえるのだ。ジョブズは「後ろを振り向いたら必然的に負けてしまうのが IT 業界」というメッセージをこの「隠れ if…, then~ 文」に込めているのだ。

豆知識

ジョブズはスタンフォード大学でのスピーチの約10年前に、こんなことも言っている。'The broader one's understanding of the human experience, the better design we will have.（経験に対してより深い理解を得られれば得られるほど、私たちはよりよいデザインを手にすることができます。)' さらに次のようにも言っている。'A lot of people in our industry haven't had very diverse experiences. So they don't have enough dots to connect, and they end up with very linear solutions without a broad perspective on the problem.（私たちの業界では、いろんな経験をしてる人がほとんどいません。そのようなこともあり、ほとんどの人が、結びつけるべき十分な点を持ち合わせていないのです。だからこそ、問題を解決するにしても直線的で、広い視野をもって取り組むことができないのです。)' このジョブズのことばからわかるように、ジョブズのいうdot（点）とは経験のことであり、点の数だけ、つまり経験の数だけ、よりよい解決策を手にすることができるのだ。

No. 042

You have to trust in something your gut, destiny, life, karma, whatever because believing that the dots will connect down the road will give you the confidence to follow your heart, even when it leads you off the wellworn path, and that will make all the difference.

意訳

何かを信じてください。根性や宿命、そして運命やカルマ、なんでもいいのです。なぜならば、点と点がいずれ結びつくということを信じれば、必ずや自分の気持ちに正直になれるからです。そうすることにより、たとえ、普通の人とは違う人生を歩み、そして他人とはまったく違う人生を歩むようになったとしてもです。

解釈と訳のポイント

You have to trust in something your gut, destiny, life, karma, whatever の前置詞 in の目的語は something。your gut と destiny、そして life と karma と whatever は something の具体例。その意味では、your gut, destiny, life, karma, whatever はダッシュでくくってやった方がいい。whatever は先行詞を含む関係代名詞。よって、その後ろに関係節をくっつけて whatever you trust in（あなたが信じるものなら何でも）としてやった方がいい。あるいは、and whatever else（その他の似たようなものなら何でも）とするか or whatever（何かその手のもの）とした方がいい。いずれにせよ、whatever だけでは不十分で、whatever you trust in とするか、and whatever else ないし or whatever とした方がいい。the confidence to follow your heart の to 不定詞は同格の to 不定詞。confidence の内容が to 不定詞節で紹介されている。このように同格の to 不定詞をとる名詞には、confidence の他に、attempt や chance、さらには decision や effort や need や opportunity などがある（同格の前置詞 of と同格の接続詞 that については、020 を参照）。even when it leads you off the wellworn path の even when は even if に置き換え可能。it leads you の it は to follow your heart を指している。believing that the dots will connect down the road を指してはいない。and that will make all the difference の and は「その結果」の意味。因果関係を表す and については、004 も参照。

Hatakeyama's Comments!

believing that the dots will connect down the road will give you the confidence to follow your heart の意訳が「点と点がいずれ結びつくということを信じれば､必ずや自分の気持ちに正直になれる」となっている。意訳には「必ずや」という必然性を意味することばが入っている。この英文は if …, then ~ 文でもなければ、この英文に will という語が入っているわけでもない（必然性の含意については 041 を参照）。それなのに、なぜ、必然性を意味する「必ずや」が意訳に入っているのだろうか。これについて考える前に、まず、Yuji sent an e-mail to Mika と Yuji sent Mika an e-mail の 2 つの文について考えてみたい。この 2 つの文は厳密にいうと意味が違う。だから、実は、この 2 つの文は互いに書き換えることができない。その意味では、皆さんは受験英語で間違ったことを教えてもらってきた。Yuji sent an e-mail to Mika は「ユウジがミカにメールを送った」としかいっていない。その一方､Yuji sent Mika an e-mail は「ユウジがミカにメールを送り、最終的にミカはメールを読んだ」ということまでいっている。つまり、Yuji sent Mika an e-mail は「ユウジがミカにメールを送り、その結果必ずミカがメールを読んだ」ということまで意味しているのだ。このことからわかるように、実は、「主語＋授受動詞＋間接目的語＋直接目的語」のパターンには、このような必然性の読みがあるのだ。だからこそ、このタイプの文である believing that the dots will connect down the road will give you the confidence to follow your heart を意訳するにあたり、あえて「必ずや」ということばを入れている。ちなみに、レディ・ガガがバレンタインの日にフィアンセからプロポーズされ、インスタグラムで 'He gave me his heart on Valentine's Day, and I said YES!' と書いているが、なぜこのような書き方をしているかもうおわかりであろう。

豆知識

「カルマ」は業（ごう）の訳で「(結果をともなう）行為」の意味。因果関係のある「行為」のことを「カルマ（業)」というのだ。つまり、「行い」が本来の意味である。「果報をもたらす神秘的な力」というオカルト色のある意味は本来ない。ただ、ジョブズは、おそらくこのオカルト色のある意味で使っているのであろうが……。

第2部

愛と喪失

No. 043

My second story is about love and loss.

意訳

2つ目の話は愛と喪失に関するものです。

解釈と訳のポイント

love は訳しにくい。「愛」も「恋愛」も「愛情」も「好意」もどれも love で表される。でも、ここの love をこれらの日本語で訳してもしっくりこない。この love は、これから見ていくとわかるように、heart（大事なもの）ぐらいの意味で使われている。でも、ここでは、あえて、love にいろんな意味をもたせるために「愛」と意訳しておいた。

Hatakeyama's Comments!

第1話の「点と点を結ぶ」は、ジョブズの出生から大学を中退するまでの話であった。第2話の「愛と喪失」は、大学中退からそれ以降の話である。つまり、アップルの創設から今日までの話である。ジョブズにとって「愛」とは何であろうか。そして、ジョブズはいったい何を失ったのであろうか。このあたりのことを意識しながらこの先を読み進めてみよう。

豆知識

second は 2nd とも書く。ボクシングの「セコンド」もこの second。複数形の seconds は「おかわり」の意味。よって、埼玉西武ライオンズの中村剛也のニックネーム「おかわり君」は、しいて英語に訳すと seconds boy になる。さて、second には「もう1つの（another)」という意味もある。「セカンドハウス（別荘)」の「セカンド」も、もちろん「第２の」の意味があるが、「もう１つの」の意味もある。ただ、「セカンドハウス」は英語ではなく正しくは second home である。同じく、小型バッグの「セカンドバッグ」や第２の人生の「セカンドライフ」も和製英語というかカタカナ英語で英語ではない。一方、「セカンドオピニオン」はちゃんとした英語である。

No. 044

I was lucky I found what I loved to do early in life.

意訳

私は人生の早い時期に自分のやりたいことを見つけられてラッキーでした。

解釈と訳のポイント

I was lucky の後ろに接続詞の that があったが省略されている。この省略されている that は理由を表す that で、that 以下に lucky である理由が書かれている。理由を表す that が使われている例としては、他に、We are very sorry that you cannot go to the party や I am very happy that you have successfully passed that audition がある。本文の I was lucky I found what I loved to do early in life は、形式主語の it を使って、It was lucky for me that I found what I loved to do early in life と書き換えることができれば、to 不定詞を使って I was lucky (enough) to find what I loved to do early in life と書き換えることもできる。この to 不定詞は、もちろん、理由を表す to 不定詞である。003 を参照。I found what I loved to do の found の目的語は what I loved to do で、do の目的語は what である。本文の文末にある early in life は、I loved to do の loved を修飾しているのでなければ、主節の was lucky を修飾しているのでもな

い。I found の found を修飾している。前置詞句の修飾については、008 を参照。これから見ていくとわかるように、I found what I loved to do early in life に見られるような what の用法がよく出てくる。これは、ジョブズの文体である（が、もしスピーチ原稿をライターが書いていたら、ライターの文体ということになる）。

Hatakeyama's Comments!

私は中学生の頃、ラジオのパーソナリティになりたかった。高校生の頃は、100% 無理だとは思っていたが、スタジオミュージシャンになりたいと思っていた。そして大学生の頃は、とにかく若い人たちとワイワイやっていられる仕事につきたいと思っていた。いま私は、授業で好きなことをしゃべり、時々ライブをやり、そして毎日学生とワイワイやっている。その意味では、とりあえず私はなりたい自分になれているのかなと思っている。

豆知識

ジョブズはコンピュータに大きな可能性を感じていた（048 を参照）。そのようなこともあり、リード大学を離れた後、ゲーム会社のアタリに就職する（ブロック崩しを開発したのがこのアタリ）。ちなみに「アタリ」は碁の用語の「アタリ」からきている。ただ､ジョブズはシャワーを浴びなければ、靴も履かず、おまけに自己チューということもあり、社員が退社した夜間に 1 人で勤務することになる。そして、アタリを辞めた後、次の 045 で紹介されるように、ウォズニアックと 2 人でアップルを始めるのである。

No. 045

Woz and I started *Apple* in my parents' garage when I was 20.

意訳

二十歳になった時、私はウォズニアックと、私の家のガレージでアップルを始めました。

解釈と訳のポイント

Woz and I started Apple の start は「事業などを始める」の意味で、まさに「起業」「スタートアップ」の意味で使われている。in my parents' garage の parents' については 018 を参照。中古品セールを「ガレージセール」とよんだりするが、これは、中古品（というか不要品）の販売をよくガレージでやるからだ。

Hatakeyama's Comments!

いま日本では、資本金 1 円で 15 歳から起業することができる。とはいうものの、ふつう起業しようと思ったら、資本金は最低でも数百万は必要だが……。高校生以上なら 1 円ぐらい誰だってもっている。その意味では、現在日本では、あくまでも形式上の話ではあるが、高校生以上なら誰でも起業できるのだ。ちなみに、なぜ 15 歳から起業できるかというと、会社をつくるにあたり印鑑証明書が必要になってくるが、この印鑑証明書の印鑑を登録できるのが 15 歳以上であるからだ。

豆知識

Apple-I と Apple II（アップルが最初期に作成したコンピュータ）を設計したのがウォズニアック

ウォズニアック
（AP/ アフロ）

(Stephen Gary Wozniak：通称ウォズ）である。ウォズニアックについては、彼の自伝『アップルを創った怪物：もうひとりの創業者、ウォズニアック自伝』（ダイヤモンド社）を読むことをお薦めする。同書でウォズニアックが告白しているように、実は、アップルはジョブズの家のガレージで始まったのではない。ウォズニアックは自分のアパートで作業をしていたし、ジョブズも自宅の自分の部屋で作業をしていた。ジョブズの家のガレージでやったのは、組み立ての最後の最後の部分だけである。さて、ジョブズとウォズニアックの２人で相談して会社名を Apple にしたが、当時ウォズニアックが懸念していたように、その後、アップル・コア（ビートルズの会社）から商標権の侵害で訴えられることになる。そのようなこともあり、iTunes Store からビートルズの曲がなかなか配信されなかった。20 歳台で起業した人には、他に、ビル・ゲイツやマーク・ザッカーバーグ（Facebook の創設者）がいる（023 も参照）。ちなみにジョブズとビル・ゲイツは同じ年である。

Apple I

Apple II

ジョブズと Apple II
（AP/アフロ）

No. 046

We worked hard, and in 10 years Apple had grown from just the two of us in a garage into a two billion dollar company with over 4000 employees.

意訳

私たちはがむしゃらに働きました。その結果、アップルは 10 年で、ガレージから始まったたった 2 人きりの会社から、社員 4000 人を超える売上高 20 億ドルの会社にまで成長しました。

解釈と訳のポイント

英語には、時間を表す表現として、'in ○ ○' と 'for ○ ○' の 2 つがある。'in ○ ○' は達成や到達（つまり広い意味での完了）を意味する文と相性がいい。逆に、'for ○ ○' は達成や到達を意味しない文と相性がいい。意訳の「社員 4000 人を超える売上高 20 億ドルの会社にまで成長しました」からわかるように、本文は達成ないし到達を表している。だからこそ、for 10 years ではなく in 10 years が使われている。「ハタケヤマは 10 時間ギターを弾いた」だと、「ギターを弾く」には達成や到達の意味合いがないので 'for ○ ○' が使われ、Hatakeyama played the guitar for 10 hours となる。前置詞については 008 も参照。ちなみに、008 の I dropped out of Reed College after the first six months, but then stayed around as a drop-in for another 18 months or so before I really quit（私は入学して 6 ヶ月後にはリード大学を中退しました。でも、その後 18 ヶ月かそこらモグリで大学内をうろちょろしていまして、その後本当に大学を去りました）では 'for ○ ○' が使われているが、それはなぜなのかはもうおわかりであろう。

Hatakeyama's Comments!

ジョブズの自伝などを読むとわかるが、ジョブズとウォズニアックは本当にがむしゃらに働いた。会社を大きくするためにがむしゃらに働いたのではなく、とにかくすごいコンピュータをつくりたくてがむしゃらに働いた。会社が大きくなったのはあくまでも結果にすぎず、ジョブズとウォズニアックは、とにかく、「宇宙を凹ます（Making a dent in the universe）」ほどのすごいコンピュータをつくりたくてがむしゃらに働いたのだ。ちなみに、ジョブズは、自分ががむしゃらに働くだけでなく、従業員にもがむしゃらに働くのを強要した。なんと週 90 時間も働かせ、そのことを謳ったＴシャツまでつくった。こんなＴシャツをつくるあたりジョブズの変人ぶりがよくわかる。ジョブズの変人ぶりがわかるエピソードとしては、他に、障害者用の駐車スペースに車を停めたり、車にナンバープレートを付けなかったり、スピード違反をしても忙しいから早く処理しろと警察に歯向かったりしたことがあげられる。

豆知識

ジョブズは次のように言う。'I was worth about over a million dollars when I was twenty-three and over ten million dollars when I was twenty-four, and over a hundred million dollars when I was twenty-five. And it wasn't that important because I never did it for the money.（23 歳のとき資産は 100 万ドルを超え、24 歳のときは 1000 万ドルを超えました。そして 25 歳のときは 1 億ドルを超えました。でも、これらはどうでもいいことなのです。だってお金儲けのためにやってきたわけじゃないのですから。）' 25 歳で資産 100 億円とはすごすぎる。アメリカンドリームそのものである。ところで、なぜアメリカの CEO（最高経営責任者）はこんなにも高所得なのだろうか。格差大国アメリカの実体を暴いたヘドリック・スミスが指摘するように、その原因はストックオプション（自社株を企業の役員や社員が購入できる権利）にある。実際、ジョブズは多額のストックオプションを手にしていた。そんなジョブズも、ビル・ゲイツの財産に比べたら 6 分の 1 しかない。そんなゲイツをトマ・ピケティは「ゲイツは Windows の上がりで食べている不労所得者」だと断ずる。巨額の富を手にしている CEO やゲイツのような「不労所得者」によってアメリカの格差は広まるばかりといったところだ。『誰がアメリカンドリームを奪ったのか？』（朝日新聞出版）や『トマ・ピケティの新・資本論』（日経 BP 社）を参照。

No. 047

We'd just released our finest creation the Macintosh a year earlier, and I had just turned 30. And then I got fired.

意訳

そして、最高の創造物である Macintosh を世に送り出したその 1 年後、私は 30 歳になり会社をクビになりました。

解釈と訳のポイント

We'd just released と I had just turned では、had と過去分詞の間に just が入っている。現在完了形であれ過去完了形であれ、have と過去分詞の間に現れるものはどれも述部副詞である（述部副詞とは述部（すなわち動詞）を修飾する副詞のこと）。したがって、「have ＋ α ＋過去分詞」の α にあるものは述部副詞として解釈して構わない。よって、2013 年 4 月 12 日付の CNET にあった記事（Microsoft pulls security update over software conflicts）の一文 'As a precaution, we stopped pushing 2823324 as an update when we began investigating the error reports, and have since removed it from the download center.（予防措置としてエラー報告書を作成するとともに、2823324 をアップデートとしてリリースするのをやめ、その後 2823324 をダウンロードセンターから削除した）' にしても、一見接続詞のように見える since を述部副詞として解釈して何ら問題ない。since には、実際、述部副詞としての機能がある。さて、本文には and が 2 つ現れているが、どちらも時系列を示す and である。I got fired の get は become と置き換えが可能。get＋過去分詞のパターンはよくあり、他にも get drunk（酔っ払う）や get married（結婚する）がある。ただ、They all got scolded（彼らは全員叱られた）からわかるように、get＋過去分詞で被害を被る意味もあるので注意が必要である。本文の I got fired も被害を被る意味があるので、この文は get drunk や get married のタイプというより、むしろ get scolded のタイプともいえる。

Hatakeyama's Comments!

副詞は大きく分けて述部副詞と文副詞の２つがある。述部副詞は述部（すなわち動詞）を修飾する副詞で、文副詞は文全体を修飾する副詞である。そして、これら２つの副詞には定位置がある。述部副詞は、「have ＋ α ＋過去分詞」の α の位置の他に文末も定位置である。それに対して、文副詞の定位置は文頭である。よって、Hatakeyama left the meeting rudely は「ハタケヤマはマナーに欠けたやり方で会議を中座した」という意味であるのに対して、Rudely, Hatakeyama left the meeting は「ハタケヤマは、失礼にも、会議を中座した」という意味である。もちろん、Rudely, Hatakeyama left the meeting rudely は「ハタケヤマは、失礼にも、マナーに欠けたやり方で会議を中座した」という意味である。

豆知識

Apple Lisa

ジョブズは最初、「リサ（Lisa）」というコンピュータの開発に携わっていた。しかし、このプロジェクトが失敗に終わり、社内で干されていた「マッキントッシュ」のプロジェクトに移されることになる。このマッキントッシュ・プロジェクトは、もともと、ジェフ・ラスキンが立ち上げたものだが、途中から入ってきたジョブズがこのプロジェクトをのっとってしまう（ジェフ・ラスキンについては、034も参照）。さて、ジョブズが最初に開発していた「リサ」というコンピュータだが、この「リサ」という名称は、実は、ジョブズの娘の名前である。ただし、娘といっても、リサが９歳になるまで認知しなかった娘である。

ジョブズには高校から付き合っていたクリスアン・ブレナンという女性がいた。ジョブズが23歳の時にブレナンとの間にできた子ども、それがリサ（Lisa）なのだ。皮肉なことに、ジョブズは生まれて実の母親に捨てられたが、自分も、実の母親と同じ23歳の時に実の娘を捨てているのだ。ちなみにジョブズは、30歳を過ぎ、育ての母親が亡くなった年に生みの母親ジョアン・キャロル・シーブルと会っている。そしてその時に、妹（モナ・シンプソン）がいることを知る。モナ・シンプソンについては011を参照。

No. 048

How can you get fired from a company you started?

意訳

どうやったら自分がつくった会社をクビになるかって？

解釈と訳のポイント

ここでは助動詞にdoではなくcanが使われている。How do you get fired from a company you started? としてもいいのに、あえてcanを使って書かれている。自分がつくった会社をクビになるには、余程のことがない限り不可能であるからだ。fired fromのfiredはdismissedで置き換えることができる。fireは「fire 人 for 理由」の形でよく使われるので、このパターンを覚えておこう（例：The manager fired the part-timer for slowdown（支配人は、そのアルバイトが仕事をサボったのでクビにした））。この文も009と同様、修辞疑問文である。形こそ疑問文であるが実は疑問文ではない。

Hatakeyama's Comments!

065 で見るように、ジョブズは、自分がつくった会社をクビになり、その後、そのクビにされた会社に重役として舞い戻ってくる。

豆知識

Macintosh を手土産にアップルを追い出された格好になったジョブズだが、ジョブズにとってコンピュータとはどのようなものだろうか。ジョブズは次のように言う。'What a computer is to me is the most remarkable tool that we have ever come up with. It's the equivalent of a bicycle for our minds.（私にとってコンピュータとは、人類史上もっとも画期的なツールです。知の自転車と言っていいものです。）'
私たちは、自転車に乗ると、歩いている時よりも早く、そして遠くに行くことができる。ジョブズにとってコンピュータとは、まさに、知（性）を解放してくれるそんなツールであるのだ。ジョブズは、Macintosh のプロジェクト名を「Macintosh」から「Bicycle」に変えたいと思っていたほどである。

No. 049

Well, as Apple grew we hired someone who I thought was very talented to run the company with me, and for the first year or so things went well.

意訳

実は、アップルが大きくなったこともあり、いっしょに会社を経営できると思われる人を雇ったのです。最初の数年はうまくいっていました。

解釈と訳のポイント

as Apple grew の as は接続詞であるが、接続詞の as はいろんな意味をもつ。理由の意味や「〜の時」という意味、他には逆接の意味や「〜につれて」といった意味ももつ。どの意味で使われているかは文脈から判断するしかない。we hired someone who I thought was very talented to run the company with me の関係代名詞 who は、関係節の中では was の主語として機能している。I thought は挿入句的なものと考え、カッコの中に入れて解釈してやるといい。主語の関係代名詞の直後に、こういった挿入句的なものがよく入ってくる。覚えておこう。このパターンは、もちろん、関係代名詞の非制限用法でも見られる。たとえば、2015 年 3 月 17 日付の MarketWatch にあった記事（Greedy Californians are almost out of water）の 'For a couple of years now, the state has been on high alert. Gov. Jerry Brown asked residents to cut back water usage by 20%, which some argued wasn't enough, given the dire circumstances. Residents and businesses responded with 8.8%.（同州が非常事態宣言を出して数年になる。ジェリー・ブラウン州知事は、住民に水の使用量を20％削減するよう呼びかけているが、切迫した事態を考えると、ある人が言うには、それでも十分ではない。住民と企業は8.8％の削減で応じることになった）' の第2文 'Gov. Jerry Brown asked residents to cut back water usage by 20%, which some argued wasn't enough, given the dire circumstances.' にしても、関係代名詞 which が関係節の中では wasn't enough の主語として機能し、しかも、関係代名詞 which の直後に some argued が挿入句的に入っている。日本語だと「タレント」には「芸能人」の意味があるが、英語にはそのような意味はない。「優れた能力をもつ人」という意味しかない。日本語の「タレント」は英語では TV personality や TV star という。run the company の the company は Apple のこと。

Hatakeyama's Comments!

ジョブズは、ある経営のプロをヘッドハンティングしてアップルに連れてきたのだ。どこから誰をジョブズはアップルに連れてきたのだろうか。「豆知識」を見てみよう。

豆知識

ジョン・スカリー（TopFoto/アフロ）

ジョブズがアップルの社長に抜擢したのが、当時ペプシコーラで社長をしていたジョン・スカリーである。スカリーはペプシのコマーシャルにマイケル・ジャクソンを起用したりして、ペプシはついに売上でコカ・コーラを抜くことになる。ジョブズは、このスカリーの力を見込んでアップルに引き抜こうとした。スカリーはなかなか首を縦に振らなかったが、ジョブズの 'Do you want to sell sugared water for the rest of your life, or do you want to come with me and change the world?（残りの人生、砂糖水を売って過ごす気ですか。それとも、私といっしょになって世界を変えますか）' ということばに心動かされてアップルに移ることになる。ゼロックスで働いているボブ・ベルヴィール（エンジニア）を引き抜く時も、ジョブズは次のような挑発的なことばを使っている。'I hear you're great, but everything you've done so far is crap. Come work for me.（あなたがすごい人だとは聞いています。でも、あなたがこれまでやってきたことはどれも意味のないことです。私のところにきていっしょに働きませんか。)' ジョブズは、このような催眠効果のあることばで不可能を可能にしてしまう。これをアップル信者は「現実歪曲空間（reality distortion field)」とよんだりしている。ジョブズはこの現実歪曲空間で、事実をねじ曲げ、ありえないことをありえることにしてしまう。そうやって不可能を可能にしてできたものがiPhoneだったりする。ジョブズは事実を誰よりもしっかり把握していた。だからこそ事実を曲解できたともいえる。マーク・トゥエイン（アメリカの小説家）も「まず事実をつかめ。それから思うままに曲解せよ」と言っている。

No. 050

But then our visions of the future began to diverge and eventually we had a falling out.

意訳

しかし、その後、会社の将来に関して、私とその人の考えが大きく変わってきてしまいました。そして最後は仲たがいをしてしまいました。

解釈と訳のポイント

divergeは「ディヴァージュ」とも「ダイヴァージュ」とも発音されるが､ジョブズはスピーチで「ダイヴァージュ」と発音している。divergeの反意語はconverge。we had a falling outはwe fell outやwe quarreled with each other about our visions of the futureと書き換えることができる。

Hatakeyama's Comments!

ジョブズは金儲けのためにコンピュータをつくっているのではない(046の「豆知識」参照)。「宇宙を凹ます」ほどのコンピュータがつくりたくてコンピュータをつくっているのだ。コンピュータに関心がなく、たんに金儲けしか興味のない経営のプロがアップルにきたらどうなるであろうか。しかも、ジョブズのコンピュータに対する愛を感じとれない人であったらどうなるであろうか。ジョブズとの軋轢が生じる。この軋轢がきっかけでジョブズはアップルを追われることになるのだ。

豆知識

ジョブズは、一般ユーザとプロ向けのコンピュータをつくりたかった。これは 'The roots of Apple were to build computer for people, not for corporations. (アップルのベースにあるもの、それは、企業のためにではなく普通の人のためにコンピュータをつくっているということです)' というジョブズのことばからもわかる。つまりジョブズは、デルやコンパックのような法人向けのコンピュータをつくるつもりはなかったのだ。これも 'The world doesn't need another Dell or Compaq. (世間はデルやコンパックのような会社がもう１つ出てくるのを望んでいるわけではありません)' というジョブズのことばからわかる。だからこそ、Macintosh の開発にはかなり時間がかかったし、制作費も桁違いであった。そうやってできたこだわりの Macintosh ではあるが、売上が芳しくなく、過剰在庫にスカリーは頭を悩ますことになる。アップルの経営不振や諸々のゴタゴタはジョブズのせいだとスカリーは考え、スカリーとジョブズの間には深い溝ができるようになる。

No. 051

When we did, our Board of Directors sided with him. And so at 30, I was out. And very publicly out.

意訳

喧嘩別れをしたところ、取締役会はその人の肩をもちました。そうして私は30歳になったとき、アップルから追い出されてしまったのです。しかも誰もが知る形で追い出されたのです。

解釈と訳のポイント

our Board of Directors sided with him は our Board of Directors sided against me とも書ける。And so at 30, I was out は047のI had just turned 30. And then I got fired と呼応している。また、And so at 30, I was out の最後に of the company を補って And so at 30, I was out of the company と書くこともできる。

Hatakeyama's Comments!

才能を見込んで連れてきた人に裏切られ、そして自分のつくった会社を追い出されるハメになったのだ。こんな屈辱的なことはない。自分の人を見る目のなさを恨んだことであろう。

豆知識

この辺りの様子は、映画『スティーブ・ジョブズ』を見るとよくわかる。この映画に対してはいろんな評価があるが、低い評価をしている人は、おそらく、ジョブズの自伝などを読んだことがない人であろう。いい映画である。本書を読み終えたら見てみるといいだろう。

No. 052

What had been the focus of my entire adult life was gone, and it was devastating.

意訳

私は、自分の人生すべてをかけてつくり上げてきたものを失いました。しかも破壊的なまでに失いました。

解釈と訳のポイント

What had been the focus of my entire adult life was gone の主語は What had been the focus of my entire adult life である。 was gone の gone は「行ってしまった」の意味の（過去分詞から派生された）形容詞。Gone with the Wind（映画『風と共に去りぬ』）の Gone と同じ。go や come、他には arrive や rise などの運動動詞は、「be 動詞＋過去分詞」の形で完了形として機能する。ただし古風な言い方で、しかも完了形として機能するといえども、完了よりむしろ状態変化の意味を強くもつ。よって、Winter is gone and spring is come にしても「冬が去ってしまい今はもう冬ではなく、春がやってきて今はもう春です」といった今の状態を強調した意味である。

Hatakeyama's Comments!

会社をクビになったというが、クビになったのは大企業である。中小企業ではない。しかも平社員の身分じゃなく重役の身分でクビになったのだ。さらに、メンツも何もかも失い、プライドもズタズタにされた状態でクビにされたのだ。破壊的な形でいろんなものを失ったのである。

豆知識

ホリエモンこと堀江貴文氏も境遇的にはジョブズに似ている。ホリエモンの自伝ともいえる『ゼロ』もいい。ジョブズの自伝と併せて読んでみるといいだろう。

No. 053

I really didn’t know what to do for a few months.

意訳

数ヶ月間、私は何をしていいか本当にわかりませんでした。

解釈と訳のポイント

文末にある前置詞句 for a few months は、to do ではなく didn’t know を修飾している。前置詞句を見かけたら、とにかく、それがどこを修飾しているか考えるようにしよう。008 を参照。

Hatakeyama’s Comments!

蓄えがあったから数ヶ月ぼ〜っとしていることも許されたともいえる。今の時代、普通の人がリストラされた場合、数ヶ月もぼ〜っとしていられるだろうか。

豆知識

アップルをクビになり、しばらくの間ジョブズは何もしなかった。スペースシャトルの搭乗に応募しようと考えたり、政界へのデビューを考えたりもした。でも、しなかった。また、3つの大学からオファーがあった。でも、断った。なぜならば、どれも自分が本当にやりたいことではなかったからだ。

No. 054

I felt that I had let the previous generations of entrepreneurs down — that I had dropped the baton as it was being passed to me.

意訳

先輩起業家たちの期待を裏切ってしまったと思いました。つまり、渡されたバトンを落としてしまったと思ったのです。

解釈と訳のポイント

I felt that I had let the previous generations of entrepreneurs down — の 'let α down' は「αを裏切る」の意味。the previous generations of entrepreneurs は、次の 055 に示されるように、デビッド・パッカードやボブ・ノイスのこと。最後のダッシュは等位接続詞 and の代わりとして使われている。よって、読むときは 'I felt that ... and that ...' のようにして読む。ただ、ダッシュ以下は I had let the previous generations of entrepreneurs down の具体例でもあるので、その意味では、このダッシュはコロンとしての機能も担っている（コロンが具体例を導く標識のようなものであることについては、028 を参照）。as it was being passed to me の as は「～の時」の意味の接続詞で、it は the baton を指している。接続詞の as については 049 も参照。

Hatakeyama's Comments!

誰からバトンをもらったかは次の 055 を読めばわかるが、ジョブズは誰にバトンを渡そうとしていたのだろうか。気になるところだ。今のところまだ第２のジョブズと呼べる人は出てきていない。とはいうものの、「第２のジョブズ」と目されている人もいないこともない。Twitter社の創業者であるジャック・ドーシーだ。ドーシーは自他ともに認めるジョブズ信者であり、ドーシーもミニマリズムを信奉している。また、ドーシーの経歴もジョブズとかなり似ている。ドーシーも自分でつくった会社をクビになり、そしてSquareという会社を起ちあげ、その後、ジョブズ同様、クビにされた会社に会長として舞い戻っている。さらに、ジョブズ同様、ドーシーも2013年にディズニーの取締役になっている。

ジャック・ドーシー

豆知識

「ITイノベーション」というバトンをたしかにジョブズは先輩起業家から受け取った。でも、バトンはジョブズ1人が受け取ったわけではない。ウォズニアックと2人で受け取った。起業家としてのジョブズと技術者としてのウォズニアック、この2人が「ITイノベーション」というバトンを受け取ったのである。イノベーションは商才と技術の2つがうまく咬み合ってはじめてうまくいく。これはジョブズとウォズニアックのタッグはもとより、ホンダの本田宗一郎と藤沢武夫のタッグ、そしてソニーの井深大と盛田昭夫のタッグを見てもわかるだろう。これらの例からもわかるように、起業は知人や友人とするケースが多い。ビル・ゲイツも高校からの友人であるポール・アレンとMicrosoftを創業しているし、マーク・ザッカーバーグもハーバード大学の友人4人とFacebookを創業している。また、ジャック・ドーシーも友人のエヴァン・ウィリアムズとTwittorを創業している。

（写真：AP/ アフロ）

No. 055

I met with David Packard and Bob Noyce and tried to apologize for screwing up so badly.

意訳

私はデビッド・パッカードとボブ・ノイスに会い、何もかもめちゃくちゃにしてしまったことをわびました。

解釈と訳のポイント

I met with David Packard and Bob Noyce の met with は met だけでもいい。ただ、met with には、会うことがあらかじめ決められていて、しかも目的をもって会うというニュアンスがある。ここでは「詫びを入れに訪問する」という目的をもち、しかもちゃんとアポをとって行っているだろうから、met より met with の方がよい。screw up は「めちゃくちゃにしてしまう」という意味。

Hatakeyama's Comments!

自分の非は認めず、ある意味反省をしない自己チューな人間、それがジョブズである。そんなジョブズが詫びを入れに行ったのである。それだけジョブズもことの重大性を認識したのだろう。つまり、これで IT 技術の進歩がストップしてしまうかもしれないという罪悪感を多少なりとも感じたのであろう。

豆知識

デビッド・パッカードはヒューレット・パッカード社の共同創業者（もう 1 人の創業者はウィリアム・ヒューレット）。ちなみに、ヒューレット・パッカード社もパッカードの家のガレージで創業している。また、ヒューレット・パッカード社はジョブズが 12 歳の時にアルバイトさせてもらっていたところであり、ウォズニアックがかつて勤めていたところでもある（004 の「豆知識」参照）。ボブ・ノイスはインテルの共同創業者の１人。the Mayor of Silicon Valley（シリコンバレーの主）のニックネームで知られている。起業家としてはジョブズの師であり目標であった。

デビッド・パッカード
（AP/ アフロ）

ボブ・ノイス
（提供：Intel/picture alliance/ アフロ）

No. 056

I was a very public failure, and I even thought about running away from the valley.

意訳

私の転落ぶりは皆の知るところとなり、私は IT 業界から足を洗おうとさえ思いました。

解釈と訳のポイント

I was a very public failure は 051 の And very publicly out と呼応している。the valley はシリコンバレーを指している。つまり、the valley で「IT 業界」を意味している。このようなものをメトニミー（換喩）というが、似たようなものに、「遠藤周作を読んだ」や「クラプトンを買った」がある。おわかりのように、「遠藤周作」で遠藤周作の小説を意味し、「クラプトン」でクラプトンのCD を意味している。意外と気づいていないが、「穴を掘る」や「お風呂がわいた」や「鍋を食べる」もメトニミーである。「穴」で地面を、「お風呂」で水を、そして「鍋」で食材を意味している。

Hatakeyama's Comments!

これだけ醜態を晒したら、正直、いわゆる羞恥心というものがある人なら、誰だってジョブズと同じような気持ちになるのではないか。

豆知識

シリコンバレーとは、アメリカ西海岸（サンフランシスコ湾）の南側に位置する一帯のこと。「シリコンバレー」という地名があるわけではない。IT 起業ならびに半導体産業の拠点。シリコン（ケイ素）が半導体の主な素材であることから「シリコンバレー」とよばれている。1939 年にヒューレット・パッカード社が創業されたのがシリコンバレーの始まりとされている。ヒューレット・パッカード社については 055 を参照。

No. 057

But something slowly began to dawn on me: I still loved what I did.

意訳

でも、ある感情がふつふつと私の中にわき上がってきたのです。これまでやってきたことをまだ好きで諦めきれない — そんな思いがゆっくりとわき起こってきたのです。

解釈と訳のポイント

But something slowly began to dawn on me: の文頭にある But は逆

接の接続詞。逆接の接続詞については039を参照。逆接の接続詞が出てきたら、必ず、直前に書いてあったことと逆のことを予想しながら読むようにする。逆接の接続詞の直後には、絶対に、直前に書かれてあったことと逆のことが書かれているからだ。ここでも、直前の056で精神的に凹んだ話が紹介されていたが、このButの後ろでは明るい話が紹介されている。コロンは具体例を導く標識のようなものだが、ここでは、主語のsomethingの具体的な内容がコロンの後ろで紹介されている。I still loved what I didのlovedの目的語がwhat I didであり、didの目的語がwhatである。

Hatakeyama's Comments!

数ヶ月何かをするわけでもなくいろいろ自問自答していれば、本当の自分が見えてくるだろう。そうやって自分に向き合ってわかったこと、それが「これまでやってきたことをまだ好きで諦めきれない」ということであったのだ。

豆知識

ウサギとカメの話には大事な、でも盲点となっている、そんな教訓がある。それは、ウサギはカメを見ていたがカメはゴールを見ていたということだ。つまり、ウサギとカメは見ていたもの（つまり、目指していたもの）が違ったのだ。ジョブズは誰かと競争していたわけではない。ジョブズには他の起業家とは違って目指すものがあった。それを再認識できたのが無職の数ヶ月間だったともいえる。では、ジョブズが目指していたゴールとは何であろうか。それは、「革新的な創造性がたっぷりと吹き込まれ、創業者よりも長生きする会社をつくること」である（『スティーブ・ジョブズ I』（講談社））。つまり、ヒューレット・パッカード社がなしえたことである。

No. 058

The turn of events at Apple had not changed that one bit.

意訳

これまでやってきたことを愛してやまないという気持ち、これは、アップルでどんなに痛い思いをしても、これっぽっちも変わることはなかったのです。

解釈と訳のポイント

that は 057 のコロン以下（つまり I still loved what I did）を指している。one bit は「これっぽっち」の意味。bit には情報量の最小単位の意味もある。もしかしたら、ジョブズは one bit のところでことば遊びをしているのかもしれない。

Hatakeyama's Comments!

情報関係のことばを使ったことば遊びというと、'There are only 10 types of people in the world: Those who understand binary, and those who don't（この世界には 2 種類のタイプの人しかない。2 進法を理解できる人とそうでない人）' がある。これは読み人知らずの名無しのものであるが、10 types を「10 種類」と読んでいてはこの文のオチがわからない。「10」は 2 進法で「2」である。10 types をこのように読んで、はじめてこの文のオチがわかるのだ。つまり、2 進法というかコンピュータにある程度精通している人だけが笑える、そんな文であるのだ。

豆知識

bit（ビット）とは情報量の基本単位で、binary digit の略式名称。1 bit

で真か偽、Yes か No、あるいは 1 か 0 のバイナリー（二者択一）の情報が表せる。ちなみに、8 bit で 1Byte（バイト）であり、コンピュータでは、半角英数字 1 文字は 1 Byte で表され、日本語の全角文字 1 文字は 2 Byte で表される。

No. 059

I had been rejected, but I was still in love. And so I decided to start over.

意訳

私はクビになりました。でも、私はこれまでやってきたことが大好きでした。だからこそ私は決心したのです。もう一度チャレンジしようと。

解釈と訳のポイント

I had been rejected の rejected は 051 の And so at 30, I was out にならって out としてもよい。but I was still in love の後に with what I did を続けてもよい。もちろん what I did は 057 のコロン以下にあるところから引用している。start over で「やり直す」の意味。もちろん、ジョン・レノンの曲の『Starting Over』も「(男女関係から恋愛関係に）やり直す」の意味である。

Hatakeyama's Comments!

ふられても好きな人じゃないが、ジョブズはどれほど痛い目に遭っても、これまでやってきたことが忘れられなかったのだ。自分が本当にやりたいこと、そして自分が本当に好きなこと、これがわかっていたからこそ再起することができたといえる。

豆知識

ジョブズの逆境から立ち上がる姿を見るにつけ、H. T. レスリーの「人生というゲームは、いい持ち札に恵まれることよりも、悪い持ち札でじょうずに戦うことにこそ意義がある」ということばを思い出す。

No. 060

I didn't see it then, but it turned out that getting fired from Apple was the best thing that could have ever happened to me.

意訳

その時はわからなかったのですが、アップルをクビになったのは、これまで私の身に起こったことのなかでも最高のことだったのです。

解釈と訳のポイント

it が 2 回出てきているが、いずれも that 節（つまり、that getting fired from ... happened to me）を指している。I didn't see it then の then は「その時」と訳して構わないが、具体的には「アップルをクビになった時」のことを指している。the best thing that could have ever happened to me では最上級の best と副詞 ever が現れているが、これについては 023 を参照。また、述部副詞 ever が「have ＋ α ＋過去分詞」の α の位置に現れているが、これについては 047 を参照。なお、that could have ever happened to me が仮定法過去完了の形になっているが、これは仮定法の帰結ではない。クビになった時より前の「起こりえたこと」を表現するためにこういった書き方をしているだけである。

Hatakeyama's Comments!

『ロスト・インタビュー・スティーブ・ジョブズ 1995』という映画があるが、それを見てもわかるように、ジョブズは、スカリーをアップルによんだのが人生最大のミスだったと言っている。同映画でジョブズは 'I hired the wrong guy.（よんではいけない人間をアップルによんでしまった）' と言っているほどだ。でも、もしスカリーをアップルによばなかったら、ジョブズはアップルをクビにならず、もしかしたら今日ある IT 社会はなかったかもしれない。ちなみにスカリーは、アップルにとっての最大のミスは、自分を CEO としてアップルによんだことだと言っている。ジョブズよりスカリーの方が一枚上手である。

豆知識

ジェームズ・アレン（イギリスの作家）は、「悪いことは姿を変えたよいことにほかならない」と言っている。また、相馬愛蔵（新宿中村屋創業者）も「機会というものは、いつもはじめは１つの危機としてくるか、あるいは１つの負担として現れた」と言っている。

No. 061

The heaviness of being successful was replaced by the lightness of being a beginner again, less sure about everything.

意訳

クビになり、成功しなければいけないという重圧がなくなりました。その代わりにビギナーの身の軽さを手にすることができましたが、私は何に対しても確信をもてなくなりました。

解釈と訳のポイント

The heaviness of being successful と the lightness of being a beginner again にある前置詞 of であるが、これは同格の of と解釈できる。つまり、the problem of playing that tune（その曲を演奏する問題）や the fact of his being a sniper（彼が狙撃者である事実）の of と同じだと考えてよい。同格の前置詞 of については 020 も参照。less sure about everything は分詞構文。sure は主語に必ず人間をとる。よって、ここは、意訳の「私は何に対しても確信をもてなくなりました」からわかるように、主語をジョブズだとして解釈する。

Hatakeyama's Comments!

ジョブズがアップルにいた時、私たちには想像ができないほどの重圧があったであろう。クビになり、そういったとてつもない重圧から解放されたものの、本当に精神的に楽になったのだろうか。重圧がなくなった代わりに、私たちには想像できないほどの屈辱感を感じていたであろう。身は軽くなったが心は今まで以上に重くなったのではなかろうか。

豆知識

ジェフ・ベゾス（Amazon の創業者）はインタビューで 'How do you deal with stress, with pressure, with setbacks, with disappointments?（ストレスやプレッシャー、それに失敗や失意に対してどう対処しているのでしょうか）' と聞かれ、次のように応えている。'Stress primarily comes from not taking action over something that you can have some control over. What it means is there's something that I haven't completely identified perhaps in my conscious mind that is bothering me, and I haven't yet

ジェフ・ベゾス（AP/アフロ）

taken any action on it… Stress doesn't come from hard work.（ストレスというのは、主に、自分で何とかできることに対して何も手を打たないことから生じるものなのです。つまり、なんとなく心の中で思い悩むことがあり，それに対して何も対処しない時に生じるものなのです……ストレスときつい仕事の間には関係はないのです。)' たしかに、何もしないからストレスが溜まるのであり、ハードワークでもそれが好きな仕事ならストレスは感じないものだ。

No. 062

It freed me to enter one of the most creative periods of my life.

意訳

私はアップルをクビになりました。でも、そのおかげで、人生の中でもっともクリエイティブな時期を迎えることができました。

解釈と訳のポイント

この文は無生物主語構文で、主語の It はクビになったこと（being fired from Apple）か、あるいはまたビギナーの立場になったこと（being a beginner again）を指している。さて、無生物主語構文であるが、主語を副詞的に解釈してやり、文全体を自動詞的に訳すといい感じの日本語になる。意訳でも主語を「そのおかげで」というように副詞的に解釈し、動詞も「迎えることができる」というように自動詞的に訳している。逆に、英語らしい文を書きたければ、日本語で副詞的に解釈するものを主語にし、そして他動詞を使って書いてやればよい。たとえば「この電車に乗れば国分寺まで行ける」という日本語を英文にするにしても、「この電車に乗れば」の副詞部分をあえて this train という主語にし、他動詞 take を使って 'This train will take you to Kokubunji' と書いてやればよい。こういった

「隠れた英文法」を知っているか知らないかで、英文を読む精度も、そして英作するスピードもかなり変わってくるのだ。

Hatakeyama's Comments!

「人間万事塞翁が馬」ということだろうか。時間的にも精神的にも余裕ができると、たしかに、発想が自由に、そして豊かになる。が、私はどちらかというと、時間的にも精神的にも余裕がない時の方がぶっとんだ発想ができる。私の場合、暇だと頭がボケる。

豆知識

アップルをクビになるちょっと前、ジョブズはアップルで干されていた。ジョブズは、自分が求めるコンピュータを模索すべく、スタンフォード大学構内を歩いていた。そうしたところ、ポール・バーグ（ノーベル賞受賞者の生物学者）と会い、バーグから DNA 組み換え実験の難しさについて話を聞く。ジョブズはバーグに、コンピュータを使ったシミュレーションなら問題は解決できると話す。そのような会話から、ジョブズは、教育研究にコンピュータの活路を見出すようになる。今後の方向性が見えてきたところで、ジョブズはアップルに辞表を出しネクストを起ちあげることになる（ネクストについては次の 063 で紹介される）。このことからもわかるように、ジョブズはスタンフォード大学と何かと縁があるのだ。001 も参照。

No. 063

During the next five years, I started a company named NeXT; another company named *Pixar* and fell in love with an amazing woman who would become my wife.

意訳

アップルをクビになって 5 年の間で、私は、ネクストという会社とピクサーという会社を起ちあげました。さらに、将来の伴侶となるすばらしい女性とも恋に落ちることができました。

解釈と訳のポイント

2 つの動詞句（started a company named NeXT; another company named Pixar と fell in love with an amazing woman who would become my wife）が等位接続詞 and によって結び付けられている。等位接続詞が同じタイプのもの同士を結びつけることに関しては、020 を参照。また、started a company named NeXT; another company named Pixar にあるセミコロンは等位接続詞 and の代わりとして使われている。a company named NeXT の named の前には which was が、そして another company named Pixar の named の前にも which was が省略されている。「関係代名詞＋ be 動詞」はよく落ちる、というか落ちるのが普通である。覚えておこう。fell in love with の逆は fell out of love である。これもよく使うから覚えておこう。恋した数だけ失恋があるし。

Hatakeyama's Comments!

不屈の精神の持ち主とは、まさにジョブズのような人をいうのであろう。アップルをクビにならなかったら、スタンフォード大学で講演をすることもなく、そしてそこで将来の伴侶となる女性と出会うこともなかったのだ（001参照）。点と点は確実に結ばれているのだ。このことからもわかるように、第2部の「愛と喪失」は、実は、第1部の「点と点を結ぶ」の続編であるのだ。

豆知識

ネクストは、アップルの優秀な技術者5人を引き連れてジョブズが起ちあげたものだが、つくったコンピュータは月に400台ほどしか売れず完全に赤字であった。ピクサーは、ジョージ・ルーカスが経営する映像制作会社ルーカスフィルムのCG部門をジョブズが買い取ったものだが、最初はほとんど利益を生まなかった。しかし、その後、『バグズ・ライフ』や『ファイティング・ニモ』、そして『トイ・ストーリー』といったヒットを出し、ディズニーに買収されるほどまでになった。ただ、実際は、ピクサーのエド・キャットルムが合併会社の社長に、ジョブズが取締役に、そしてジョン・ラセターがクリエイティブ担当最高責任者に就いたことからわかるように、実質的にはピクサーがディズニーを買収したようなものである。ちなみに、ジョブズがネクストを起ちあげたその年にウィンドウズ1.0が発売されている。

No. 064

Pixar went on to create the world's first computer animated feature film, *Toy Story*, and is now the most successful animation studio in the world.

意訳

ピクサーは世界初のアニメーション映画『トイ・ストーリー』をつくるまで成長し、今では世界でもっとも成功したアニメーションスタジオとなっています。

解釈と訳のポイント

2つの動詞句（went on to create the world's first computer animated feature film, Toy Story と is now the most successful animation studio in the world）が等位接続詞 and によって結び付けられている。film の他に、主にアメリカでは、movie や motion picture もよく使われる。受験の時に習ったかと思うが、「映画を見る」は see a film であって watch a film ではない。逆に「テレビを見る」は watch TV であって see TV ではない。the world's first computer animated feature film, *Toy Story* は、computer と animated の間にハイフンを入れて、the world's first computer-animated feature film, *Toy Story* とした方がいい。というのも、the world's first computer animated feature film, *Toy Story* は、もともと、the world's first feature film, *Toy Story*, which was animated with computer という形をしていて、computer には前置詞 with がくっついていたからだ。029 も参照。

Hatakeyama's Comments!

たしかに、ピクサー（とディズニー）は、ビジネスとしては世界でもっとも成功したアニメーションスタジオであろう。でも、ビジネスではなく、あくまでもクリエイティビティとアートの点でいったら、ジブリが世界でもっとも成功したアニメーションスタジオではなかろうか。

豆知識

『トイ・ストーリー』は、制作はピクサー・アニメーション・スタジオであるが、配給はディズニーである。監督のジョン・ラセターは『トイ・ストーリー』でアカデミー特別業績賞を受賞している。私は『トイ・ストーリー 3』を劇場で見たが、うかつにも泣いてしまった。『トイ・ストーリー 3』は『トイ・ストーリー』『トイ・ストーリー 2』とは別物である。見て損はない。必見である。ちなみに、『トイ・ストーリー』がヒットしたその年にウィンドウズ 95 が発売されている。

No. 065

In a remarkable turn of events, Apple bought NeXT, and I returned to Apple, and the technology we developed at NeXT is at the heart of Apple’s current renaissance.

意訳

その後、すごいことが起きました。アップルがネクストを買収したのです。そのため私はアップルに戻ることになりました。ネクストで開発したテクノロジーが今行われているアップルの再生のカギとなっているのです。

解釈と訳のポイント

In a remarkable turn of events の turn of events と同じ言い方が 058 にも出てきた。ただし、058 ではアップルをクビになるというマイナスのすごいことであるが、ここではアップルに復帰するというプラスのすごいことである。Apple bought NeXT の bought は「企業を買収する」の意味。ネクストをあたかも商品であるかのように扱っているのが面白い。

Hatakeyama’s Comments!

最大級の屈辱を負いながらアップルを去ったジョブズ。その後、アップルは経営不振に陥る。そして、アップルの CEO は、屈辱を感じながらも、ジョブズにアップルに帰ってきてもらう。屈辱を与えたものが屈辱を感じ、不要だと捨てられた人間が必要だからと戻ってきてもらう。人生の皮肉そのものである。

豆知識

ジョブズは CEO としてアップルに復帰したが、年間の報酬はたったの1ドル（100円）であった。ジョークでその内訳を 'I make 50 cents for showing up... and the other 50 cents is based on my performance.（会社に顔を出して50セント、そして仕事して50セントもらっている）' と言っている。このことからもわかるように、ジョブズはお金のためにアップルに復帰したのではない。ちなみに、アップルをクビになって起ちあげたネクストからは一銭も給料をもらっていなかったし、ピクサーからは年間50ドルしかもらっていなかった（もらわなかった年もある）。ジョブズがアップルの株を売却してお金には困っていなかったとはいえ、ほぼ無償で仕事していたというのは驚きである。さて、アップルに復帰したジョブズだが、まず最初にしたことは、古いマックを処分することであった。'When I got back here in 1997, I was looking for more room, and I found an archive of old Macs and other stuff. I said, 'Get it away!' and I shipped all that shit off to Stanford.（1997年にアップルに戻ってきた時、私はもっとスペースが確保できないか部屋を探したのですが、古い Mac などが死蔵されている部屋があったのです。そこで私は言ったのです。「これらを処分しろ！」と。それで、古い Mac などは全部スタンフォード大学にあげてしまったのです）' からわかるように、古い Mac をすべてスタンフォード大学に寄贈したのだ。このことからもわかるように、やはりジョブズはスタンフォード大学と何かと縁がある。001 と 062 を参照。

No. 066

And Laurene and I have a wonderful family together.

意訳

さらに私は、ローレンとすばらしい家庭を築くこともできました。

解釈と訳のポイント

have a family で「世帯をもつ」の意味。ちなみに、「我が家は大家族です」を英語にすると I have a large family となる。つまり「大家族」は a large family という。もちろん My family is large ということもできる。

Hatakeyama's Comments!

結婚 20 周年を迎えた日、ジョブズは妻のローレンに次のような手紙を送った。'We didn't know much about each other twenty years ago. We were guided by our intuition; you swept me off my feet. It was snowing when we got married at the Ahwahnee. Years passed, kids came, good times, hard times, but never bad times. Our love and respect has endured and grown... We've been through so much together and here we are right back where we started 20 years ago – older and wiser – with wrinkles on our faces and hearts. We now know many of life's joys, sufferings, secrets and wonders and we're still here together. My feet have never returned to the ground. (20 年前、ぼくたちはお互いのことよく知らなかったね。ぼくたちは心のままに互いに導かれ、ぼくはきみの虜になった。アワニーで結婚式をあげたとき、外は雪だったね。月日が流れ、子どもが生まれ、いい時もあれば辛い時もあったけど悪い時はなかったね。お互いの愛と敬意は続き、これからもずっと……いっしょになっていろいろあったけど、20 年前に出会ったところにまた戻ってきたね。お互いに年をとり、賢くなり、顔と心にしわを刻み、楽しいことも辛いこともいろいろあったけど、今もこうしていっしょにいるね。ぼくはいまでも君に首ったけだ。)' この文面を読むだけでも、ジョブズのローレンへの愛を十分感じとれるかと思う。

豆知識

ジョブズはローレンとの出会いを次のように語っている。'I was in the parking lot, with the key in the car, and I thought to myself: If this is my last night on earth, would I rather spend it at a business meeting or with this woman? I ran across the parking lot, asked her if she'd have dinner with me. She said yes, we walked into town and we've been together ever since.（私は車にキーを差し込んで駐車場にいました。そしてこう考えたのです。「もし今晩死ぬとして、俺は今晩仕事をすべきだろうか。それともあの女性と一晩過ごすべきだろうか。」私は駐車場を横切り、彼女のところに行って今晩食事をしないかと誘いました。すると彼女は首を縦に振ってくれました。私と彼女は街の中へと消えていき、そして、それ以来彼女とずっといっしょにいるわけです。)' 仕事をキャンセルしてまで意中の女性をデートに誘ったのである。そうさせたのが「もし今晩死ぬとしたら / もし今晩が地球最後の夜だとしたら（If this is my last night on earth)」というジョブズ流のぶっとんだ仮定の話なのである。ちなみに、ジョブズは禅を信奉していたこともあり、結婚式は日本人の知野弘文（旧姓：乙川弘文）（曹洞宗の僧）によって執り行われた。

ジョブズとローレン

（写真:AP/ アフロ）

No. 067

I'm pretty sure none of this would have happened if I hadn't been fired from Apple.

意訳

アップルをクビにならなかったらこれらのことは 1 つたりとも起こらなかったと私は確信しています。

解釈と訳のポイント

I'm pretty sure であって I'm sure ではない。pretty という最高レベルの強調のことばが使われていることからわかるように、ジョブズは 100% の確信をもって言っているのだ。さて、100% の確信をもっているのが none of this would have happened if I hadn't been fired from Apple であるが、これはいわゆる仮定法過去完了の文である。さて、仮定法過去完了には「過去完了」ということばが入ってはいるものの、実際は過去に関する仮定の話だ。では、「過去完了」とはどこの部分を指しているのだろうか。動詞の形である。受験英語でやったように、仮定法過去完了は「If＋主語＋had＋過去分詞, 主語＋{would/could/should}＋have＋過去分詞」という形をとるが、if 節の「had＋過去分詞」のところが過去完了だから、それで仮定法過去完了といっているだけのことである。「仮定法過去完了」という名称は外見（つまり形）のことしかいっていなくて中身（つまり意味）については何もいっていないのだ。文字通り中身のない名称である。仮定法過去完了については、036 も参照。

Hatakeyama's Comments!

none of this would have happened の this は、その前のパラグラフに書いてあったことすべてを指している。つまり、アップルをクビになってネクストを起ちあげ、そしてそのネクストがアップルに買収されて再度アップルに戻ってきたことなどだ。アップルをクビになったからこそ、欲しいものすべてを手に入れることができたともいえる。塞翁が馬というか転んでもただでは起きないというか、ま、そんなところだろうか。

豆知識

教育界に革命を起こすべく、ジョブズはネクストでネクストコンピュータ（商品名はネクストキューブ）をつくるが、価格が高かったこともありあまり売れなかった（063 を参照）。しかし、アップルがネクストを買収すると、ネクストで開発された OS ネクストステップがベースになって新しいMacが開発されることになる。そうして生まれたのがiMacであり、iMacに搭載されているMac OS Xは、もうおわかりのように、ネクストステップをもとにしてつくられているのだ。さらにネクストステップがベースになってiOSができ、iPodやiPad、そしてiPhoneの開発へとつながっていく。その意味では、ジョブズがネクストを起ちあげなかったら、つまり、ジョブズがアップルをクビにならなかったら、今日あるIT生活はもしかしたらなかったかもしれないのだ。ちなみに、iMacが発売された年にラリー・ペイジらがグーグルを創業している。

NeXTcube

iMac

No. 068

It was awful tasting medicine, but I guess the patient needed it.

意訳

アップルをクビになったのはとんでもなくつらい経験でした。でも、私が思うに、当時の私にはそれが必要だったのです。

解釈と訳のポイント

the patient needed it の the patient とはジョブズのことである。the patient でなく I といってもいいのにそうしなかったのは、当時の自分を客観的に見ているからだ。

Hatakeyama's Comments!

052にあるように、ジョブズはアップルをクビになり、文字通り何もかも失った。その意味でも、「とんでもなくつらい経験（awful tasting medicine)」であったのだろう。でも、この「とんでもなくつらい経験」があったからこそ、Mac OS X という画期的なものが生まれたのだ。「とんでもなくつらい経験」はジョブズに必要であったというよりもアップルに必要であったのであり、さらにいえば IT 社会に必要であったといえる。Mac OS X 以降劇的に IT 社会が変わったことを考えてもらえば、私のいわんとしていることはわかってもらえるかと思う。

豆知識

スカリーに裏切られ、アップルを追い出され、これ以上ない苦痛を経験したジョブズ。これだけ辛い経験をしたら、普通だったら、同じような思いを他の人にはさせたくないと思うものだ。だが、ジョブズは普通ではなかった。ジョブズがアップルに復帰するにあたり、アップルの CEO ギル・アメリオがいろいろとお膳立てをしてくれた。アメリオは、ジョブズがアップルに復帰したら、双頭体制でアップルを立てなおそうと思っていた。だが、ジョブズがアップルに復帰すると、アメリオとジョブズは対立するようになり、最終的にアメリオはアップルを去らざるをえないようになる。もうおわかりかと思うが、ジョブズはスカリーと同じようなことをしているのだ。仁義なき戦いである。

ギル・アメリオ
(ZUMA Press/ アフロ)

No. 069

Sometime life sometimes life’s going to hit you in the head with a brick.

意訳

時に人生というのは、時々、頭をガツン!とレンガで殴るようなことをします。

解釈と訳のポイント

これは正しい英語ではない。ただ、話しことばとしては十分通じる。意訳のような意味合いのことをいうとなれば、たとえ文法的には正しくなくても、ジョブズが言ったようにいうしかないだろう。hit you in the head は、ニュアンス的には、頭をぶつけられて体全体にダメージが及んでいる感じ。一方、hit your head だと頭だけなぐられて体全体には影響が及んでいない感じ。ちょうど、Yuji kissed Naoko on the cheek だとナオコを溺愛していてキスをしたのだが、それがたまたま頬であったのに対し、Yuji kissed Naoko's cheek だと挨拶程度に頬にチュッとしたのと同じである。

Hatakeyama's Comments!

生きていると時々レンガで頭をガツン！と殴られるようなことがあるとのこと。ジョブズにも「時々」そんなことがあったわけだが、最初の一撃は、やはり、生みの親から捨てられたことであろう。そして２打撃めが、自分のつくったアップルから追い出されたことであろう。３打撃めは「第３の話」に出てくる余命数ヶ月のガンの告知であろう。

豆知識

ジョブズは次のようにも言っている。'I feel like somebody just punched me in the stomach and knocked all my wind out. I'm only 30 years old and I want to have a chance to continue creating things. And Apple is not going to give me a chance to do that.（誰かに腹に一発もらって息ができなくなるような感じでした。その時、私はまだ30歳で、まだいろいろやりたかったのです。でも、アップルはそれを許してはくれませんでした。）' 頭をレンガで殴られたり、腹にパンチを一発もらったり、とにかく肉体的な苦痛を感じるほど精神的な苦痛を受けたということだ。

No. 070

Don’t lose faith.

意訳

でも、そんなことがあっても、自分の信念を曲げるようなことがあってはダメです。

解釈と訳のポイント

faith は、これまでの話からわかるように、そしてこの後続く話からもわかるように、「自分のやりたいこと」である。

Hatakeyama’s Comments!

信念を曲げちゃいけないことはわかった。では、どうしたら信念を曲げなくてもすむのだろうか。ジョブズは教えてくれない。おそらくだが、自分を信じることではないだろうか。「俺にはできる」と思える限り信念を曲げることはないと思う。自分に対する自信と信念の強さは比例しているのではないか。あくまでも私見だが。

豆知識

自分のやりたいことをやること、これが悔いのない人生を送る秘訣である。安藤忠雄（建築家）も「多数に追随すれば必ず自分を見失う。孤独を恐れず、したいことを続けるしかない」と言っている。たしかに、孤独が怖いと自分を見失い、そして他人の人生を生きてしまうことになってしまう。重松清は『疾走』の中で、「仲間が欲しいのに誰もいない「ひとり」が「孤立」。「ひとり」でいるのが寂しい「ひとり」が「孤独」。誇りある「ひとり」が「孤高」」と言っている。ジョブズは複雑な家庭環境で育ったこともあり、それなりに孤独を感じて生きてきたと思う。正直、この「孤独感」がジョブズの人格形成に大きく影響していると思う。アップルでは干され、そしてクビになった時には孤立を感じていたことであろう。でも、最後は孤高の起業家となり、宇宙を凹ますだけの偉業を成し遂げてしまった。ジョブズは「孤」の人だと思う。

No. 071

I'm convinced that the only thing that kept me going was that I loved what I did.

意訳

私は確信しているのですが、私がこうしてやってこられたのも、本当に、これまで私がやってきたことを私は愛してやまなかったからです。

解釈と訳のポイント

I'm convinced は 060 の I'm pretty sure の言い換えでもある。the only thing that kept me going was that I loved what I did の主語は the only thing that kept me going である。そして、I loved what I did の loved の目的語が what I did で、I did の did の目的語が what である。keep ~ going で「~にやり続けさせる」の意味。

Hatakeyama's Comments!

「私がこれまでやってきたこと（what I did）」とは、059 にもあるように、ジョブズがアップルでやってきたこと。クビになるまでアップルでやってきたこと、それがその後のジョブズの原動力になっているのである。逆にいうと、クビになるまでのアップルでの仕事がイマイチだったらジョブズの返り咲きもなかったということだ。

豆知識

ジョブズが成功したのは、自分が何を好きかわかっていて、さらに信念を貫いたからだ。実はもう1つ理由があり、それが「諦めなかったから」というものだ。実際ジョブズは、NHKの番組で、国谷裕子氏のインタビューに応えて、'Most of the difference between people who succeed and people who don't is that people who don't give up.（成功する人とそうでない人の違い、それは、途中で諦めるかどうかです）'と言っている。成功するかどうかのカギ、それは諦めるかどうかである。本田宗一郎も「私は失敗しない。なぜなら成功するまであきらめないからだ」と言っているし、トーマス・エジソンも「人間の最大の弱点は諦めてしまうことである。成功するための最も確実な方法、それはもう一度試みることである」と言っている。さらにアーサー・カリンドロは「人生で最悪の選択とは、「あきらめの早い人間になる」こと」だとも言っている。

No. 072

You've got to find what you love.

意訳

だから皆さんも、自分が愛してやまないことを必ず見つけてください。

解釈と訳のポイント

You've got toは「〜しなきゃダメだよ」ぐらいの意味で命令のニュアンスが強い。くだけた言い方だとhaveを省略してYou got toとなるがジョブズはフルの形で言っている。卒業式というハレの場ということもありくだけた言い方を避けたのであろう。find what you loveのfindの目的語がwhat you loveで、loveの目的語がwhatである。

Hatakeyama's Comments!

将来何をやりたいかわからないという人がいる。そんな人でも、将来絶対にやりたくない仕事というのはあるであろう。そうしたら、やりたくない仕事をどんどんリストアップしていって、最後残ったものの中から仕事を選べばよい。ようするに、やりたい仕事は消去法で決めればいいのだ。やりたくない仕事について考えることはやりたい仕事について考えることと同じである。

豆知識

ウォーレン・バフェット（投資家）も「大事なのは（給料ではなく）、自分が好きな事をとびきり上手にやることです」と言っているし、スティーブン・R・コヴィー（経営コンサルタント）も「変化に対応する能力を高めるには、「自分は誰なのか、何を大切にしているのか」を明確に意識することである」と言っている。

No. 073

And that is as true for work as it is for your lovers.

意訳

これは好きな人にいえるように仕事についてもいえることなのです。

解釈と訳のポイント

これはいわゆる同等比較の文であるが、皆さんは as…as~ 構文として覚えていることかと思う。この as…as~ 構文だが、最初の as が副詞で２つ目の as が接続詞である。それを踏まえた上で２つ目の as 以下を見てもらいたい。２つ目の as は接続詞なのでその後には文がくる。it is for your lovers はたしかに文ぽいが何かが足りない。is の後ろに何かが欠けている。true だ。本来なら it is true for your lovers となるべきだが true が省略されている。省略されているものを正しく補えて、それではじめて文を正しく読むことができるのだ。

Hatakeyama's Comments!

結婚相手も一切妥協するなとのこと。実際ジョブズは意中の女性ローレンをものにしている（066 を参照）。ちなみにスタンフォード大学でジョブズが講義をしていたときの聴講者の 1 人がローレンである。つまり、講師が学生に一目惚れし、お付き合いして最終的に結婚までしてしまったのだ。いやはや、なんともである。001 も参照。ちなみに、ハーバード大学は、2015 年 2 月 6 日のニュースによると、今年から教員と学生との性的関係を禁止したようだ。ということは、逆に言うと、これまでは（許されてはいないが）禁止されてはいなかったということだ。

豆知識

ジョブズは、ローレンと恋に落ちる前、3 年間、バーバラ・ヤシンスキーという美女と同棲している。ジョブズと恋仲になった女性はみな美人である。ナンパも一切妥協なしなのがよくわかる。

No. 074

Your work is going to fill a large part of your life, and the only way to be truly satisfied is to do what you believe is great work.

意訳

仕事というのは、自分の人生の大半を占めます。そして、自分の人生に満足できる唯一の方法、それは、自分で最高だと思えることをすることです。

解釈と訳のポイント

the only way to be truly satisfied is to do what you believe is great work の構造について見てみよう。まず、the only way の後ろに to 不定詞がきていることに注意されたい。only のように唯一無二のことばが入ったフレーズを修飾するときは to 不定詞を使う。大学受験でよくやった He is the last man to tell a lie（彼は嘘をつくような男じゃない）でも to 不定詞が使われているが、これも唯一無二の last が使われているからだ。the only way to be truly satisfied の後ろに本来ならあるはずの with your life がない。いわなくてもわかるから省略しているわけだが、こういった省略されているものを頭の中で補完しながら読むようにしよう。これをしないと正しく英語が読めない。to do what you believe is great work であるが、you believe の部分をカッコの中に入れて読むとよい。英語には、The cheapest Mac Pro you can buy, Apple informed us last week, will cost you $3,000.（先週アップルが私たちに伝えてくれたところによると、Mac Pro で一番安いものだと 3000 ドルで買える）（A Fully Loaded Mac Pro Could Cost You $14,000：Gizmodo 2013 年 10 月 28 日）のように、本来主節として使われる Apple informed us last week が文中に挿入句的に差し込まれることがよくある。to do what you believe is great work の you believe も同じで、本来主節として機能するはずのものが挿入句的に文中に紛れ込んでいるのだ。この場合、コンマでくくられていないので挿入句的なイメージがつかみにくいが、こういった使い方に慣れておこう。ここまでの話からわかるように、to do what you believe is great work の do の目的語が what is great work で、is の主語が what である。

Hatakeyama's Comments!

仕事は人生の大半を占めるとのことだが、これは本当である。25才で大学を出て65才まで働いたとして40年間働くことになる。人生80年だとして人生の半分を働いていることになる。いやいや仕事をするのであれば人生の半分をいやいや過ごすことになる。そして、自分の仕事に愛着が感じられないのであれば、自分の人生の半分に愛着が感じられなくなってしまう。こうなったら人生半分捨てたようなものだ。そうならないためにも、好きでやりがいがあり、しかも誇りのもてるものを自分の仕事にしないといけない。

豆知識

ニーチェも「職業は生活のバックボーンである」と言っている。また、アリストテレスは「世間が必要としているものとあなたの才能が交わっているところに天職がある」と言っているし、パスカルは「生涯において最も大切なことは職業の選択である。しかし、偶然によってそれが決まる」とも言っている。

No. 075

And the only way to do great work is to love what you do.

意訳

そして、最高の仕事ができる唯一の方法、それは自分のすることを愛することです。

解釈と訳のポイント

この文は074の最後の部分（the only way to be truly satisfied is to do what you believe is great work）とワンセットにして読むべき。ワンセットにしてThe only way to be truly satisfied is to do what you believe is great work, and the only way to do great work is to love what you do（自分の人生に満足できる唯一の方法、それは、自分で最高だと思えることをすることであり、最高の仕事ができる唯一の方法、それは自分のすることを愛することなのです）と読むとわかるように、三段論法の帰結として、「最高の人生を送りたければ好きなことをやることだ」となる。

Hatakeyama's Comments!

以前、アメリカのあるIT企業の社長の話を聞いて「ほー」と思ったことがある。その社長曰く「自分は本当は小学校の先生になりたかった。でも若い時お金に目が眩んでこっちの世界に入ってしまった。企業人としては成功したかもしれないけど、本当にやりたかった小学校の先生はできなかった。その意味では自分は人生の敗北者だ。」こういったセリフも人生成功しているから言えるのだと思うが、まあ、でも言っていることがわからんでもない。

豆知識

最高の仕事をするために、ジョブズはいっしょに仕事をする仲間を厳選していた。ジョブズはAクラスの人としか仕事をしなかった。では、ジョブズはどんな人を採用していたのだろうか。ジョブズは次のように言う。'We attract a different type of person — a person who doesn't want to wait five or ten years to have someone take a giant risk on him or her. Someone who really wants to get in a little over his head and make a little dent in the universe.（アップルにはちょっと変わった人が集まってきます。ドデカい仕事を任されるのに5年も10年も待てない人たちばかりです。自分の実力以上の仕事をしたく、そして宇宙を凹ませる、そんな仕事をしてみたいとマジで思っている、そんな人たちばかりです。）' ジョブズの言うAクラスの人というのは「宇宙を凹ませる」ことができるほどの人であるのだ。「宇宙を凹ませる」については046も参照。

No. 076

If you haven't found it yet, keep looking and — don't settle.

意訳

やりたいことがまだ見つかっていないのであれば、探し続けてください。そして、絶対に妥協しないことです。

解釈と訳のポイント

If you haven't found it yet は現在完了形で意味的には完了を表している。found it の it が具体的に指しているものが見当たらない。しかし、文脈というか話の流れからわかるように、it は「自分のやりたいこと」や「自分が愛してやまないこと」を指している。その意味では、ちょっと離れてはいるが、074 にある what you believe is great work を指していると考えられなくもない。では、keep looking and — don't settle の構造について考えてみよう。keep looking の後ろにあるべき for what you want to do や for what you love が省略されている。「言わなくてもわかるだろ。あえて俺にいわせるなよな」ということであえてジョブズは言っていない。しかも、keep looking の後、少し間を置いて（書きことばではダッシュを入れて）don't settle と言っている。この間が大事で、「次にいうことが何よりも大事なんだ。しっかり聞いてくれよ」といった意味合いが込められている。「安易に妥協するな、妥協したら最高の人生を送れないぞ」と言っているのである。

Hatakeyama's Comments!

やりたいことが見つかるまで探し続けろとはいうものの、ある程度期限を設けた方がいいというもの。40 才になっても青い鳥を探し求めているのはどうかと思う。20 代半ばでやりたいことが見つかるのがベストだと思うが、そのためにも 20 代半ばまでいろいろ勉強して徹底的に自問自答してみることだと思う。ちなみにビートたけしは、『ビートたけしの TV タックル』で、「仕事というのは、本当のことをいうと、一番好きな仕事に就くのが幸せとは思っていない」「2 番目に好きなことを仕事として選べるといいかな。客観的になれるから」と言い、さらに「もし本当に好きな仕事に就いて辞めるときはすべてがなくなってしまう」「2 番目ならば『本当に（この仕事）好きじゃないんだよ』って客観視できる」とも言っている。一理あると思う。

豆知識

やりたいこと、つまり興味のあることを仕事にするのが一番だ。羽生善治も「どんなことでも、興味が続くかぎり集中力は続くものだ。何かに興味をもち、それを好きになって打ち込むことは、集中力だけでなく、思考力や創造力を養うことにもつながる」と言っているし、宇野千代も「どんな大事業も、どんな大発明も、どんな大小説も、興味をもっていたからこそ成し遂げることができたのである。興味をもって、いろいろと工夫したからこそ、なし遂げることができたのである」

と言っている。

No. 077

As with all matters of the heart, you'll know when you find it.

意訳

好きなことすべてに言えることですが、好きなことは見つけた瞬間に「これだ!」とわかるものです。

解釈と訳のポイント

この文は恋愛関係のことをいうのによく使われる決まった表現。ここでは「恋愛」が「好きなこと(the heart)」全般にまで拡張して使われている。その意味では、ここの the heart は 072 の what you love のことだと考えてよい。さて、As with all matters of the heart であるが、これはもともと As it is with all matters of the heart のようなものだったと考えて解釈するとよい。As は接続詞で、it は形式上の主語で、with は「〜に関しては」の意味の前置詞である。As with はよく見かけるので文法的なことはともかくフレーズとして覚えておくといいだろう。では、you'll know when you find it の構造について考えてみよう。これは、you'll know the {time/moment} when you find it から the {time/moment} が省略されたものである。よって、「好きなことが見つかる瞬間ってわかるものです」とか「好きなことが見つかったらビビっとくるものです」という意味である。when you find it の it は the heart を指している。つまり、「好きなこと」や「自分のやりたいこと」を意味している。

Hatakeyama's Comments!

自分に向いた仕事とはどんな仕事だろうか。私が思うに、何時間やっても疲れを感じない仕事だと思う。何時間やっても疲れを感じないのであれば、長時間労働もそんなに苦にならない。逆にちょっとやるだけで疲れを感じてしまうようなことは、100%自分には向いていないであろう。そんなものを仕事にしてしまい、おまけに長時間労働をしいられたのであれば、仕事が、そして生きることが、苦痛で仕方ない。

豆知識

古代ギリシア語で「これだ！」や「とけたぞ！」、そして「わかったぞ！」や「見つけたぞ！」を「ユウレカ（eureka）」という。アルキメデスがアルキメデスの原理を見つけたときのことばとして有名。

No. 078

And like any great relationship, it just gets better and better as the years roll on.

意訳

さらにいいますと、すべてのすばらしい関係にいえることですが、いい関係というのは時間とともにどんどんよくなるものです。

解釈と訳のポイント

And like は 077 の As with の言い換えでもある。it just gets better and better はケバケバした表現である。it gets better と書けばすむところをわざわざ it just gets better and better としている。gets が just で強調され、さらに better が 2 度繰り返されて better が強調さ

れている。このあたりにジョブズの思いの強さがにじみ出ている。as the years roll on の as は接続詞で「〜するにつれて」ぐらいの意味。the years が主語で動詞が roll。on は副詞で「ずっと続く」ぐらいの意味。

Hatakeyama's Comments!

いいものは時間が経てば経つほどどんどんよくなる。逆に悪いものは時間が経てば経つほどどんどん悪くなる。まさに正のスパイラルと負のスパイラルである。夫婦にしても仕事にしても相性がいいと時を重ねるにつれてどんどんよくなっていく。だからこそ、相性に妥協は禁物である。相性よければすべてよしである。逆に相性悪ければすべてダメである。スカリーとの関係にしても、日増しに悪くなり、最後、ジョブズ自身最悪の結末を迎えることになった（050, 051 参照）。このあたりのことを意識した上での発言であろう。

豆知識

フランスの格言に「愛はいつも、いっそう深まっていくか、だんだん冷えていくかのどちらかである」というのがある。これは仕事に対する愛にも人に対する愛にもどちらにもいえる。

No. 079

So keep looking don't settle.

意訳

だからこそ、やりたいことを探し続けてください。そして絶対に妥協しないことです。

解釈と訳のポイント

keep looking don't settle というフレーズは 076 にも出てきた。So は「だから」の意味。つまり、最高の人生を送りたければ keep looking don't settle しかないといっているのだ。

Hatakeyama's Comments!

Keep Looking and Don't Settle が、実は、ジョブズが卒業式で一番伝えたかったことである。よく、ジョブズのことばとして Stay Hungry, Stay Foolish が紹介されるが、これは 118 で詳しく見るようにジョブズのことばではない。たしかに Stay Hungry, Stay Foolish はジョブズの言いたいことを代弁してくれてはいるが、ジョブズが卒業式のスピーチで一番伝えたかったのは、まさに Keep Looking and Don't Settle である。Stay Hungry, Stay Foolish はジョブズの座右の銘ではあるが、ジョブズが自分の人生から体得したこと、それは Keep Looking and Don't Settle である。

豆知識

堤幸彦（映画監督）は「大切なものが見つかるのなら 10 年くらい棒に振ってもいい」と言っている。が、30 歳になるまでには自分探しの旅は終えた方がいいだろう。

第3部

死

No. 080

My third story is about death.

意訳

私の 3 つ目の話は死に関するものです。

解釈と訳のポイント

death は die の名詞形。形容詞形は dead。Death は「死神」の意味。また、death は die a ~ death という同族目的語構文をつくる（例：John died a miserable death）。同族目的語構文は、自動詞用法がメインである動詞が他動詞的にも振る舞うものであるが、動詞の自動詞用法と他動詞用法については 041 を参照。

Hatakeyama's Comments!

点がたくさん集まったもの、それが人生という線であるのなら、最後の点は死である。卒業式というハレの場であえて「死」について語るジョブズの真意とは何であろうか。このあたりのことを意識しながら読み進めてみよう。

豆知識

third は 3rd とも書く。車のギヤの「サード」もこの third。また、「2 月 3 日」を February 3 と書くが、読むときは February (the) third と読む。February three とは読まない。理由や根拠をリストアップするときに「第 3 に」ということばを使うことがあるが、この時、third だけでなく thirdly も使うことができる。thirdly はこの意味でしか使えない。覚えておこう。

No. 081

When I was 17, I read a quote that went something like: “If you live each day as if it was your last, someday you'll most certainly be right.”

意訳

私が 17 歳の時、次のようなことばを目にしました。それは、「今日 1 日を人生最後の日だと思って過ごしていれば、いつの日かその通りになるだろう」というものです。

解釈と訳のポイント

I read a quote that went something like: の最後にあるコロンは具体例を導く標識。028 を参照。ここでは、a quote の具体的な内容がコロン以下で紹介されている。ここの quote は名詞であるが動詞としても使われる（例：This passage is quoated from Hatakeyama's book)。ちなみに、「クォーテーションマーク（quotation mark：引用符)」の「クォーテーション」は動詞 quote から派生された名詞。If you live each day as if it was your last の後で day of your life が省略されている（082 に If today were the last day of my life という表現があることに注意)。また、as if it was は本来なら as if it were となるところだが、ここでは略式のスタイルがとられ、were ではなく was が使われている。この書き方は as if の時だけに限られるわけでなく、If I was a millionaire, I would buy these vintage guitars のように普通の仮定法過去の文でも使われる。

Hatakeyama's Comments!

スピーチでは、ここのところでどっと笑いが起こる。「そりゃ、当たり前だろ」ということで笑いが起きたのであろうが、人はいずれ死ぬからどう生きるべきか、ジョブズはこれから説いていく。

豆知識

人はいずれ死ぬ。だからこそどう生きたらいいのか……。北野武は「自らの追い込み方は」と問われて次のように答えている。「どうせ死ぬんだから、ということ。人間は生まれてご飯食べてウンコして子どもつくって死ぬ。どれだけ考えたり動けるか。社会的に迷惑をかけずにスレスレで生きることを無限に考えた方がいい。」私もそのとおりだと思う。ただ、「スレスレで生きる」バランス感覚が必要である。バランス感覚を失うと大変なことになってしまう。あと、人生は有限だと悟った瞬間、人は手に入れることよりも与えることの方に関心がうつる。人間は、基本的に、生産するよりもはるかに多くのものを消費している。人生はいつまでも続かないということを思い知ると、あまり消費せずにできるだけ多くのものを生産しておきたいと思えるようになる。そう思えるのは私だけかもしれないが。

No. 082

It made an impression on me, and since then, for the past 33 years, I've looked in the mirror every morning and asked myself: "If today were the last day of my life, would I want to do what I am about to do today?"

意訳

私はこのことばに衝撃を受けました。そしてそれ以来、私は33年間、毎朝鏡に向かっては、鏡に写った自分に「もし今日が人生最後の日だとして、今日やろうと思っていることを自分はやりたいだろうか」と問いかけています。

解釈と訳のポイント

and since then の since は前置詞。よって、この since に後続する then は名詞。look in the mirror で「鏡をのぞく」の意味。“If today were the last day of my life, would I want to do what I am about to do today?” は仮定法過去の文。ここでは、If today were the last day of my life の be 動詞が正規の用法に従って were になっている（081 の as if it was your last の was と比較）。would I want to do what I am about to do today? の want to do の do の目的語は what I am about to do today で、about to do の do の目的語は what である。

Hatakeyama's Comments!

実際は、鏡に写ったジョブズがリアルなジョブズに「もし今日が人生最後の日だとして、今日やろうと思っていることを自分はやりたいだろうか」と問いかけているのではなかろうか。なんとなくそんな気がする。ところで、この「もし今日が人生最後の日だとして、今日やろうと思っていることを自分はやりたいだろうか（If today were the last day of my life, would I want to do what I am about to do today?)」と同じようなセリフをどこかで見かけなかっただろうか。066 の「豆知識」で、ジョブズのことばとして次のものを紹介した。「もし今晩死ぬとして、俺は今晩仕事をすべきだろうか。それともあの女性と一晩過ごすべきだろうか（If this is my last night on earth, would I rather spend it at a business meeting or with this woman?)」どうもローレンをデートに誘うときに自問したセリフは、「もし今日が人生最後の日だとして、今日やろうと思っていることを自分はやりたいだろうか（If today were the last day of my life, would I want to do what I am about to do today?)」が元ネタであるようだ。ちなみに、もうおわかりかと思うが、‘If this is my last night on earth, would I rather spend it at a business meeting or with this woman?（もし今晩死ぬとして、俺は今晩仕事をすべきだろうか。それともあの女性と一晩過ごすべきだろうか)’ では、if 節が条件節で、その帰結（つまり主節）が仮定法（仮定法過去)になっている。この手のパターンもよくある。覚えておこう。

豆知識

鏡に写った自分の姿は左右反転している。したがって、鏡に写った自分の姿は、他人があなたを見ている姿とは違う。他人が見ている自分の姿を見たいのであればリバースミラーを使ってみるといい。いつも鏡で見ている自分の姿と違ってビックリすることであろう。リバースミラーを使うと、たしかに、他人が自分を見ている姿を知ることができる。でも、リバースミラーを通さないで自分の目で自分を見ることはできない。自分の姿を見ることができるのは、いつでも他人である。他人はいったい自分をどう見ているのだろうか。大山倍達（極真空手の創始者）は「自分には見えない自分の顔を人に見られている。それが人生だ」と言っているが、深いことばだと思う。ちなみに私は極真空手を10年以上やっているが、移動稽古から空手の動きには文法があり、手足の動き1つ1つの意味から空手の動きには意味論もあることを確信しつつある。

No. 083

And whenever the answer has been “No” for too many days in a row, I know I need to change something.

意訳

その問に対する答えがくる日もくる日も「ノー」であるのならば、何かを変える必要があります。

解釈と訳のポイント

in a rowで「連続して」の意味。したがって「5連休」はfive holidays in a rowとなる。ちなみにin rowsは「たくさんの列をなして」の意味。I know I need to change somethingのneed toはshouldと置き換え可能。

Hatakeyama's Comments!

松井秀喜が座右の銘にしていることばに次のようなものがある。「心が変われば行動が変わる。行動が変われば習慣が変わる。習慣が変われば人格が変わる。人格が変われば運命が変わる。運命が変われば人生が変わる。」さて「何か」を変える必要があるとして、何を変えたらいいだろうか。

豆知識

日本人は誰に対しても「No」と言えない民族だったりする。自分に対しても、そして他人に対しても。とくに「No」と言えない相手、それがアメリカである。1989年、そのような日本の不甲斐なさを案じて、石原慎太郎と盛田昭夫（ソニーの会長）が『「NO」と言える日本：新日米関係の方策』（光文社）という本を出した。石原は、日米安保条約を終わらせて自衛すべきだと説き、アメリカからの独立を唱える。今の石原からは想像できないであろう。盛田は、アメリカに代わって日本が世界のリーダーになり、世界経済を支え、そしてアジアの復興に尽力すべきだと説く。日本がバブルのときの、まさに「ジャパン・アズ・ナンバーワン」の時代の本ではあるが、今でも十分読む価値がある。

No. 084

Remembering that I'll be dead soon is the most important tool I've ever encountered to help me make the big choices in life.

意訳

人生で重大な決断を下すにあたり、間違った決断をしない最良の方法。それは、自分はそう遠くないうちに死ぬということを思い返すことです。

解釈と訳のポイント

この文の主語は Remembering that I'll be dead soon。Remembering は動名詞。動名詞は、007 でも見たように、動詞として機能する名詞。名詞だから主語の位置にこられるし、動詞の機能も担っているから that I'll be dead soon という目的語もとれる。the most important tool I've ever encountered to help me make the big choices in life では、最上級の most と副詞 ever が現れているが、これについては 023, 060 を参照。「help＋人＋to＋動詞」の形が基本であるが、本文のように to を落とすのが今では主流。make a choice で「選択する」の意味。I've ever encountered が挿入句的に tool と to 不定詞の間に入っていることにも注意されたい。このように「名詞＋ to 不定詞」の関係を破るかのごとく「主語＋動詞」が割って入ることがよくある。覚えておこう。

Hatakeyama's Comments!

残された時間があまりないと思えば、やるべきことの優先順位を間違えることはないということであろう。

豆知識

日本人の平均寿命であるが、女性は世界一で 86 歳、男性は世界第 3 位で 79 歳である。ある意味、日本人の男の子は生まれたその日に余命 79 年を、そして女の子は余命 86 年を宣告されているようなものだ。ちなみに人間の最高寿命は 120 歳ぐらいだと考えられている。私が平均的な日本人男性なら、私はあと 30 年ほどでこの地球上からいなくなる。人生は短い。しかも全力で活動できる期間はもっと短い。

No. 085

Because almost everything all external expectations, all pride, all fear of embarrassment or failure these things just fall away in the face of death, leaving only what is truly important.

意訳

なぜならば、ほとんどすべてのことが、たとえば外からの期待であるとかいろんなプライド、それに恥をかいたらどうしようかとか失敗したらどうしようかとか、そういったことは、死を目の前にするとどこかにいってしまうものだからです。そして後には本当に大事なことだけが残るのです。

解釈と訳のポイント

since ではなく because が使われている理由については 037 を参照。この文の主語は almost everything all external expectations, all pride, all fear of embarrassment or failure these things であるが、all external expectations と all pride、それに all fear of embarrassment or failure の 3 つは almost everything の具体例である。したがって、ここはダッシュなどでくくってやった方がいい。さて、この 3 つの具体例が等位接続詞 and で結び付けられているのだが、本来あるべき and が all fear of embarrassment or failure の前で抜け落ちている。また、all fear of embarrassment or failure の内部では、embarrassment と failure が等位接続詞 or によって結び付けられている。these things は almost everything を受けているが、その意味では、almost everything all external expectations, all pride, all fear of embarrassment or failure と these things は同格の関係にある。

just fall away in the face of death の just は動詞を強調している副詞。動詞の強調については 017 も参照。leaving only what is truly important の leaving の目的語は what is truly important で、be 動詞 is の主語は what。

Hatakeyama's Comments!

このようなことを言えるのも、これから見るように、ジョブズは死を目の前にすることがあったからだ。では、ジョブズは死を目の前にして、どんな大事なものがあとに残ったのだろうか。このあたりのことを頭の隅に置きながら、この先を読んでみよう。

豆知識

人は悔いを残しながら死んでいく。やり残しを感じながら「ああ、あれをしておけばよかった」と思って死んでいく。以下に「死ぬ時に後悔することベスト 10」をリストアップする。「第 10 位：健康を大切にしなかったこと」「第 9 位：感情に振り回された一生を過ごしたこと」「第 8 位：仕事ばかりだったこと」「第 7 位：子どもを育てなかったこと」「第 6 位：タバコを止めなかったこと」「第 5 位：行きたい場所に行かなかったこと」「第 4 位：自分のやりたいことをやらなかったこと」「第 3 位：自分の生きた証を残さなかったこと」「第 2 位：美味しいものを食べておかなかったこと」「第 1 位：愛する人に「ありがとう」と伝えなかったこと」。詳しくは『死ぬときに後悔すること 25』（致知出版社）を参照。ちなみに『Your Year for Change: 52 Reflections for Regret-Free Living』（Hay House）によると、「死ぬ時に後悔することベスト 5」は次のようになっている。「第 5 位：自分自身をもっと幸せにしてあげたかった」「第 4 位：もっと友達とふれあっておけばよかった」「第 3 位：自分の気持ちをはっきり伝える勇気がほしかった」「第 2 位：もっと家庭を省みるべきだった」「第 1 位：他人がどう思うかでなく、自分自身のために生きる勇気がほしかった」。この世を去る時に後悔しないためにも参考にしてみたらどうだろうか。参考までに、レオナルド・ダ・ビンチは、「充実した一日が幸せな眠りをもたらすように、充実した一生は幸福な死をもたらす」と言っている。

No. 086

Remembering that you are going to die is the best way I know to avoid the trap of thinking you have something to lose.

意訳

人はいずれ死ぬんだと思うこと、これが、何か失ったらどうしようかと思い悩む罠にかからないための最良の方法なのです。

解釈と訳のポイント

この文の主語はRemembering that you are going to dieであるが、同じ形のものが既に084に出てきた。the best way I know to avoid the trap of thinking you have something to loseではto不定詞が現れている。その前にbestという唯一無二の表現が使われているからだ。唯一無二の表現の後ろにto不定詞がくることについては、074を参照。また、ここでも、084の時と同様に、I thinkが挿入句的にthe best wayとto不定詞の間に入り込んでいる。the trap of thinking you have something to loseのofは同格のof。同格のofについては020を参照。ちなみに、ofの目的語thinkingは動名詞。動名詞は動詞の機能をもつ名詞である（動名詞については007を参照）。だからこそ、動名詞のthinkingは前置詞ofの目的語になれれば、you have something to loseという目的語をとることもできる。ここは、本文の主語Remembering that you are going to dieと同じにしてthinking that you have something to loseとしてもよい — といいたいところだが、ここはしない方がいい。つまり、接続詞のthatは入れない方がいい。なぜならば、接続詞のthatは、その内容が既知の時には使うが、そうでない時は（つまり新しい内容の時は）使わないからだ。Rememberingの目的語の内容は既知であるのに対して、thinkingの目的語の内容は新しく、これから紹介されることに注意されたい。

Hatakeyama's Comments!

何かチャレンジするにしても、すぐに「もし失敗したら……」と考えてしまう。これは、結局、プライドが傷ついたり、今ある「何か」を失うことを恐れていることに他ならない。つまり、何かを失うことに悩み、やりたいことができず、そしてなりたい自分になれなかったりするのだ。失うことへの恐れ、これがなりたい自分への道のりのハードルであるといえる。第2話の「愛と喪失」の「喪失」の話がこの第3話でも引き継がれている。

豆知識

アルフレッド・スローン（ゼネラルモーターズ会長）は「失敗を気にしていては革新はできない。打率3割といえば強打者とよばれるが、それはつまるところ、10回のうち7回までが失敗だったということである」と言っている。その通りである。

No. 087

You are already naked. There is no reason not to follow your heart.

意訳

私たちはもはや何も失うものはないのです。自分の気持ちに正直に生きない理由は何一つないのです。

解釈と訳のポイント

You are already nakedのalreadyは、語源的にはall（すべて）＋

ready（準備のできた）である。だからこそ、already には「すでに」という意味がある。There is no reason not to follow your heart は、いわゆる二重否定の文である。二重否定は原則肯定の意味になるが、普通の肯定文より肯定の意味が弱い。また、ストレートに肯定文を使っていない分、ためらいのニュアンスがある。また、Nobody don't like me（誰も私のことを好んでくれない）や I don't know nothing（私は何も知らない）のように、形こそ二重否定であっても必ずしも肯定の意味にならないものがある。二重否定の文には要注意である。

Hatakeyama's Comments!

できることなら、誰だって、自分の気持ちに正直に生きたい。でも、そうすることによって、周りの誰かが何かを犠牲にせざるをえなかったりする。逆に、自分が夢を放棄することによって、周りの誰かが自分の気持ちに正直に生きられるようになったりもする。誰のために生きるかは大きな問題である。自分のことだけを考えて生きられるほど人はそうエゴイスティックにはなれない。

豆知識

私たちは何かもっているようで実は何ももっていない。失うものは本当に何もなかったりする。そういった何もない自分を受け入れると自分の中で何かが変わる。カール・ロジャース（アメリカの心理学者）も「逆説的なようだが、自分のあるがままを受け入れたとき、人は変われるのだ」と言っている。自分をとことんミニマイズして最後に何が残るか考えてみるといい。最後に残ったものが本当の自分の気持ち（your heart）である。

No. 088

About a year ago I was diagnosed with cancer.

意訳

1 年ほど前ですが、私はガンの検診を受けました。

解釈と訳のポイント

diagnose は「～を診断する」の意味だが、The doctor diagnosed my illness as pancreas cancer といった「diagnose＋目的語＋as＋病名」のパターンも覚えておこう。また、「ガンになる」は英語で develop cancer という。自動詞の become を使わず他動詞の develop を使う。

Hatakeyama's Comments!

ジョブズは、このスタンフォード大学でのスピーチをする 1 年前にガンの検診を受け、この後を読めばわかるように、膵臓にガンが見つかり、しかも余命 3－6 ヶ月だと宣告され、そして手術をしている。つまり、スピーチをするまでの 1 年間、ジョブズは「死とは何か」についていろいろ考えていたのである。だからこそ、卒業式という場ではあるが、あえて死について語っているのだ。つまり、人はいかに死んだら本望かについて語っているのだ。もっとストレートにいうと、人はいかに生き、いかに死ぬべきかについて説いているのだ。もうおわかりかと思うが、ジョブズは、卒業式という場で、祝辞を述べているふりをして、実は、ある意味、辞世の句を詠んでいるのだ。2004 年の夏、ジョブズはウォルター・アイザックソンに、自分の自伝を書かないかと誘っている。アイザックソンはなかなか承諾しないが、ジョブズがガンであることを知り、ジョブズの自伝を書くことを承諾する。つまり、ジョブズは、自分がもしかしたら死ぬかもしれないと思い、辞世の句として自伝を残そうとしていたのだ。そして1年後の2005年6月12日に、ジョブズはスタンフォード大学の卒業式で講演をしている。この卒業式のスピーチは、ジョブズにとってもう1つの自伝であるとともに、辞世の句でもあるのだ。

豆知識

ガン検診は次の流れで行われる。まず一次検診をする。これはいわゆるスクリーニングであり、異常があるかどうかを調べる。異常があった場合、精密検査（二次検査）を受ける。そして、異常があればガンと診断され（つまり確定診断され）治療を受けることになる。これがガン検診の一連の流れである。

No. 089

I had a scan at 7:30 in the morning, and it clearly showed a tumor on my pancreas. I didn't even know what a pancreas was.

意訳

朝7:30に断層撮影を受けました。そうしたところ、まごうことなく、膵臓に腫瘍が見つかりました。膵臓とは何かを私はその時まで知りませんでした。

解釈と訳のポイント

it clearly showed a tumor on my pancreasのitはa scanを指している。I didn't even know what a pancreas wasでは、wh疑問文（what is a pancreas?）がI didn't even knowに埋め込まれている。このようなとき、たとえwh疑問文といえども、主語と助動詞の倒置は起きない。だからこそ、ここではI didn't even know what was a pancreasのようにはなっていない。

Hatakeyama's Comments!

朝 7:30 に断層撮影を受けたとのことだが、アメリカの病院はこんなに朝早くから断層撮影をしてくれるのだろうか。おそらく、ジョブズは VIP 対応で特別朝イチで断層撮影をしてもらったのではなかろうか。まったくの憶測だが。

豆知識

膵臓は胃の後ろにあり、20 センチほどの長さの細長い臓器である。食べ物の消化を助ける膵液を出したりしている。膵液は膵管によって運ばれるが、膵臓ガンの 9 割以上がこの膵管にできる。したがって、通常、膵臓ガンといった場合、膵管ガンのことをいう。

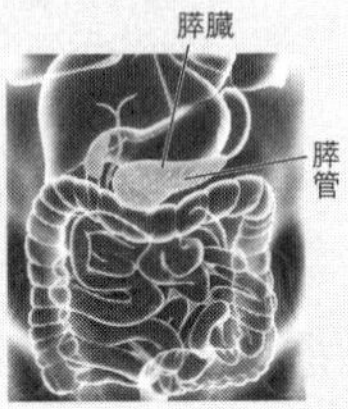

No. 090

The doctors told me this was almost certainly a type of cancer that is incurable, and that I should expect to live no longer than three to six months.

意訳

医者は私に、これはほぼ間違いなく治療できないタイプのものだと言いました。余命 3 ヶ月から 6 ヶ月だとも言いました。

解釈と訳のポイント

The doctors told me this was almost certainly a type of cancer that is incurable の this は 089 の a tumor on my pancreas を指している。and that I should expect to live no longer than three to six months は

and that I should expect not to live longer than three to six months や and that I should not expect to live longer than three to six months のように書き換えることができる。また、本文では told me の後ろに接続詞の that があったが省略されている。014 も参照。

Hatakeyama's Comments!

実は私、余命数分というか数時間の宣告を受けたことがある。小学校高学年のとき、医療過誤で、本来私には打ってはいけない注射を打たれ、脳に酸素がいかなくなって文字通り三途の川を渡るところだった。というか、完全に脳が逝ってしまい、私はいわゆる臨死体験をしている。医者から余命数分なり数時間の宣告を受けた私の両親は、腰が抜けてしまい床に崩れ落ちてしまったほどだ。

豆知識

時間は貴重である。とくに、余命を宣告された人にとって、時間ほど貴重なものはないであろう。よく、「時間はお金で買えない」と言われたりするが、これはウソである。実情はその逆で、時間はお金でしか買えない。お金は大事である。実際ジョブズも 'I ... I think money is a wonderful thing because it enables you to do things.（私は……お金はすばらしいものだと思います。だって、お金があればいろんなことができますからね）' と言っている。お金はなぜ大事なのだろっか。お金がないと自由でなくなるからだ。つまり、お金があると自由になれるのである。自由（つまり時間）を手に入れたければお金を手に入れるしかないのだ。カミュも「金ができるということは、時間ができるということだ」と言っているし、フランクリンも「借金することは、自由を売ることに等しい」と言っている。さらにサマセット・モームは「十分な金がなければ人生の可能性の半分は閉めだされてしまう」とまで言っている。その通りである。ちなみに、サミュエル・ジョンソンは「金を浪費し、なおかつ貯金する人は、もっとも幸せな人である。なぜなら、相反する2つの喜びをもつからだ」と言っている。「時間はお金でしか買えない」のである。

No. 091

My doctor advised me to go home and get my affairs in order, which is doctor's code for "prepare to die."

意訳

家に帰って身辺整理をするように医者は私に言いました。つまり、「死の準備をしろ」と私に言ったわけです。

解釈と訳のポイント

My doctor advised me to go home and get my affairs in order は My doctor advised (me) that I should go home and get my affairs in order や My doctor advised my going home and getting my affairs in order のように書き換えることができる。ちなみに動詞 advise の名詞形は advice である。, which is doctor's code for "prepare to die" のコンマは「すなわち」の意味の接続詞として機能している。受験英語でやったかと思うが、関係代名詞の非制限用法で使われるコンマは接続詞として機能する。

Hatakeyama's Comments!

死の準備をするとは、自分の死を見つめ、残された時間をどう使い、そして自分の生き方を問いなおすことに他ならない。遺産の問題を事前に片付けてしまうとか、やり残した仕事の処理をするとか、そういったことをすることだけが死の準備ではない。ジョブズは死の準備をしたことがあり、そして「生きるとは何をどうすることか」真剣に考えたからこそ、卒業式という場で卒業生に向けて「ジョブズ流人生論」を語っているのだ。

豆知識

究極の「死の準備」として生前葬がある。まだ生きているのに自分のやり方であらかじめ葬儀を済ましてしまうこと、これが生前葬である。生前葬をやるからには、ある程度死を自覚する必要があるが、はたして、余命を宣告されたわけでもないのにどこまで死を自覚できるものだろうか……。最近は「終活」ということばも定着しつつあるが、周りに迷惑をかけずに最期を迎えるためにも、今の時代、「終活」なんていうのも必要なのかもしれない。「就活」やら「婚活」やら「妊活」やら「終活」やらで現代人は生まれてから活動しっぱなしである。休むのはあの世に逝ってからのお楽しみ、といったところだろうか。サッカーの日本代表を導いたイビツァ・オシム監督が、かつて、選手たちにこう言ってハッパをかけた。「君たちはプロだ。休むのは引退してからで十分だ。」このオシム監督のことばを借りると、「私たちは生きるプロだ。休むのは人生を引退してからで十分だ」ということになるだろうか。

No. 092

It means to try and tell your kids everything you thought you'd have the next 10 years to tell them in just a few months.

意訳

これは、つまり、10 年かけて子どもに伝えるべきことをたった数ヶ月で伝えないといけないことを意味します。

解釈と訳のポイント

2 つの名詞 everything と you が連続している。英語では名詞が 2 つ連続することは原則許されない。よって、2 つ名詞が連続していたら、その間に関係代名詞の省略を疑う。021 を参照。ここでも関係代名詞の that が省略されている（先行詞が everything なのでここでは which ではなく that の省略を考える）。この省略された関係代名詞 that は、後続する関係節の中では、「tell them α」の α として機能している。つまり「tell＋人＋話す内容」の「話す内容」に相当している。tell them in just a few months の them は your kids を指している。何度も繰り返すが、関係代名詞はもちろんのこと、普通の代名詞も、それが何を指しているのかいちいち考えるようにしよう。

Hatakeyama's Comments!

父親というのは、とくに息子に、子どもの成長に合わせていろんなことを伝えたいものだ。6 歳の時には 6 歳の時にしか伝えられないことを、12 歳の時には 12 歳の時にしか伝えられないことを、そして 17 歳の時には 17 歳の時にしか伝えられないことを、男の先輩としていろいろ伝えたいものだ。6 歳の時に 16 歳で伝えるべきことを伝えることはできない。10 年かけて伝えるべきことをたった数ヶ月で伝えないといけないが、そもそも伝わるかどうかもわからない。男親としてつらいものがある。

豆知識

ジョブズとローレンとの間には 3 人の子どもがいる。息子のリードと娘のエリンとイブである。3 人の子どものなかでも、ジョブズは、息子のリードをとくにかわいがっていた。ちなみに、リードはスタンフォード大学に進み医学者を目指している。つまり父親と同じ IT 業界には進まない。リードは腫瘍の専門家になるつもりのようだが、理由はもうおわかりかと思う。父親のジョブズをガンで亡くしたからだ。

No. 093

It means to make sure everything is buttoned up so that it will be as easy as possible for your family. It means to say your goodbyes.

意訳

また、残された家族が後で困らないよう、何もかも整理しておかないといけないことを意味します。つまり、家族に「さよなら」を言わなければならないということです。

解釈と訳のポイント

It means to make sure の make sure ~ は「確実に〜する」の意味。make certain に置き換えることも可能。everything is buttoned up の button up は「首尾よく仕上げる」の意味。so that it will be as easy as possible for your family には受験英語でおなじみの as ... as ~ possible が見られる。as ... as ~ possible の最初の as は副詞。よって、最初の as の次には形容詞か副詞しかこられない。2つ目の as は接続詞である。したがって、2つ目の as 以下には文がくる。しかし、ここでは、完全な文ではなく possible のみが現れている。つまり、ここでは it is のような「主語＋ be 動詞」が省略されているのだ。これは、while he is young が while young のように簡略化されるのと同じである。as ... as ~ possible を構文のように見ていては、いつまでたっても英語を正確に読むことはできないのだ。073 も参照。It means to say your goodbyes の最後に to your family があったが省略されている。省略されているものを補って解釈しないと正確な読みはできない。

Hatakeyama's Comments!

「さよなら」は、言う方もつらいが言われる方はもっとつらいであろう。たんなるあいさつの「さよなら」がこれほど重い意味をもつことがあるだろうか。

豆知識

ジョブズには家族が3つある。1つはローレンと築いた家族。残る2つは、育ての親との家族と実の父母との「家族」だ。実の父母との「家族」について少しふれてみたい。092で見たように、ジョブズは息子を溺愛していた。しかし、息子としてのジョブズは実父から愛されることはなかった。さて、実母（生みの親）とは、047で見たように、ジョブズが30歳の時に会っている。では、実父とはどうなのだろうか……。実は、CBSの『60ミニッツ』でジョブズが語っているように、特別な出会いをしている。ジョブズの実父はシリコンバレーでレストランを営んでいた。そこにジョブズはお客として何度か足を運んでいる。そしてそのオーナーと握手までしている。しかし、ジョブズは、そのオーナーが実父だとは知らない。もちろん、そのオーナーもジョブズが自分の息子であることを知らない。こんな出会いがあるだろうか……。

No. 094

I lived with that diagnosis all day.

意訳

私はその日1日、ずっと余命数ヶ月であることを胸に過ごしました。

解釈と訳のポイント

live with~には「〜といっしょに暮らす」と「〜に耐える」の2つの意味がある。ここではどちらの意味でとっても構わない。が、

that diagnosis がガンであることより余命 6－9 ヶ月であることを指していることを考えると、live with は「～に耐える」の意味で使われていると考えた方がいい。

Hatakeyama's Comments!

余命数日や余命数年でなく余命数ヶ月であることがミソで、数ヶ月という長くもなく短くもない余命だけに、ガンを宣告されてからの 1 日（実際は半日）は本人でないとわからない時間の流れではなかっただろうか。

豆知識

映画『感染列島』に「ガンはこの体の中で私といっしょに生きてる。敵じゃありませんよ」というセリフがある。いろいろ考えさせられるセリフである。

No. 095

Later that evening I had a biopsy, where they stuck an endoscope down my throat, through my stomach into my intestines, put a needle into my pancreas and got a few cells from the tumor.

意訳

その日の晩、私は生体組織検査を受けました。医者は内視鏡を喉に押し込み、さらに胃から腸へと送り込み、そして膵臓に針を差し込み、腫瘍からいくつか細胞を採取しました。

解釈と訳のポイント

Later that evening の that evening は、もちろん、断層撮影を受け、膵臓ガンならびに余命３－６ヶ月の宣告を受けたその日の晩のことである。本文では、等位接続詞 and によって、３つの動詞句（stuck an endoscope down my throat, through my stomach into my intestines と put a needle into my pancreas と got a few cells from the tumor）が結びつけられている。stuck an endoscope down my throat, through my stomach into my intestinesでは、down my throat と through my stomach と into my intestines の３つの前置詞句が等位接続詞 and によって結びつけられている。でも、本来なら into my intestines の前にあるはずの and がない。ここは省略されているのではなく、もともとないのだ。というのも、move from the town to the village through the forest（林を抜けて街から村まで移動する）からわかるように、前置詞句は、とくに移動の経路を表すときは、等位接続詞を使わないでいくつも連続させることができるからだ。３つの動詞句（stuck an endoscope down my throat, through my stomach into my intestines と put a needle into my pancreas と got a few cells from the tumor）の主語 they であるが、これは、文脈から判断して、doctors を指している。intestines は複数形で使われるのが普通。同じ「腸」の意味の bowels も同じ。

Hatakeyama's Comments!

皆さんは胃カメラを飲んだことがあるだろうか。私は３回ほどある。胃カメラを飲むといえども、食べ物を飲み込むようにはなかなか飲めない。そこで、喉に麻酔をして飲み込むのだが、カメラが食道から胃へ、そして腸に行くのがわかる。カメラの冷たさを内蔵が感知するからだ。そして、カメラに付いたメスで組織を切り取るのだが、内臓にも感覚があるのか、切られると「あっ、今切られた」という感覚がある。胃カメラを飲むと感覚についていろいろと学ぶことができる。

豆知識

生体組織検査（あるいは生体組織診断）とは、患部の一部を切り取って組織を顕微鏡などで詳しく調べること。略して「生検」とか「バイオプシー（biopsy）」と呼ばれたりする。内臓の組織を採取するには一般的には針を刺して行う（needle biopsy）。

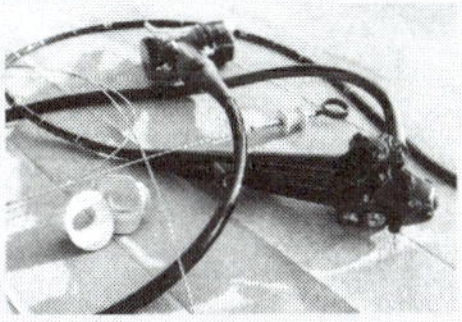

内視鏡

No. 096

I was sedated, but my wife, who was there, told me that when they viewed the cells under a microscope the doctors started crying because it turned out to be a very rare form of pancreatic cancer that is curable with surgery.

意訳

私は麻酔で眠っていました。妻が私の傍らにいたのですが、後で妻から聞いた話によると、採取した細胞を医者が顕微鏡で調べていたとき医者は大きな声で叫んだそうです。というのも、私のガンは膵臓ガンの中でも非常にまれなもので、手術すれば治療できるものであることがわかったからです。

解釈と訳のポイント

viewed the cells under a microscope は put the cells under a microscope や examined the cells under a microscope と書き換えることができる。it turned out の it は they にした方がいい。it は the cells を指しているから。ただ、腫瘍がどのようなものかを調べるために細胞を採取したので、ここの it は 089 の a tumor を指して

いるともいえる。

Hatakeyama's Comments!

ジョブズが助かるということは、ある意味、IT 業界が助かるということであり、現代社会がまだ進化することを意味する。医者がこういったことを思って叫んだのかどうかわからないが、ジョブズが助かるということはそういうことである。実際、ジョブズが亡くなってからというもの、IT 業界にも現代社会にも大きな変化が見られなくなってきている。

豆知識

麻酔には、局所的に感覚をなくさせる局部麻酔と全身の感覚をなくさせる全身麻酔の 2 つがある。局所麻酔では患者に意識があるが、全身麻酔では患者に意識がない。麻酔薬としてアヘンやモルヒネといった麻薬が使われていた時代もある。

No. 097

I had the surgery and, thankfully, I'm fine now.

意訳

私は手術を受け、おかげさまで、今こうして元気な姿を皆さんにお見せすることができています。

解釈と訳のポイント

I had the surgery は I underwent the surgery と書き換え可能。thankfully, I'm fine now の thankfully は文副詞。文副詞については 047 を参照。

Hatakeyama's Comments!

「おかげさまで」ということばはおそらく本心で、ジョブズは医者ならびに看護してくれた家族に心から感謝しているのであろう。つまり、ここでの「おかげさまで」は、よくある社交辞令的なたんなるあいさつことばとは違うということだ。

豆知識

ジョブズが膵臓癌の手術をして休職したその年にザッカーバーグらがフェイスブックを創業している。

No. 098

This was the closest I've been to facing death, and I hope it's the closest I get for a few more decades.

意訳

私が死に一番近づいたものというとこれになりますが、向こう数十年はこれ以上死に近づくことのないことを願うばかりです。

解釈と訳のポイント

This was the closest の後ろに which を補って読んでやるといい。もちろん、この補った which は、I've been to の to の目的語として解釈される。facing death は分詞構文。I hope it's the closest I get for a few more decades の the closest の後ろに関係副詞の where を補って読んでやる。004 も参照。お気づきかと思うが、本文は 004 の this is the closest I've ever gotten to a college graduation といろんな意味で似ている。

Hatakeyama's Comments!

ジョブズはあと数十年は生きるつもりであった。が、数年後には体調を崩し 6 年後には亡くなってしまう。002 の「豆知識」も参照。

豆知識

ジョブズは iPhone 4S の発表翌日に亡くなった。そのようなこともあり、iPhone 4S の 4S は for Steve のことではないかと噂が出た。実際は 4S の S は Siri（音声認識システム）の頭文字のことであるが。

No. 099

Having lived through it, I can now say this to you with a bit more certainty than when death was a useful but purely intellectual concept: No one wants to die.

意訳

私にとって死というのは、これまで、使い勝手のいい、たんなる知的な概念にすぎませんでした。でも、こうやってつらい経験をしたおかげで、今では、より確実性をもって次のように言うことができます。「死にたい人なんて誰もいない」ということを。

解釈と訳のポイント

Having lived through it は分詞構文。もともと As I have lived through it のような形だった（なぜ接続詞に as を使ったのかについては、049 を参照）。分詞構文をつくるには、まず接続詞を省略する。次に、主節の主語と同じ時は主語も省略する。最後、動詞を分詞にする。よって、As I have lived through it の As と I がまず落ちて、have が having になって本文の Having lived through it ができあがる。live through~ は「～を生き延びる」の意味。よって、lived through it の it は surgery（手術）だと解釈してもいいが、余命6－9ヶ月のガン宣告を受けたことを指していると考えてもいい。I can now say this to you の this はコロン以下の No one wants to die を指している。you は、もちろん、聴衆である卒業生を指している。

Hatakeyama's Comments!

「死」は、たしかに、誰にとってもたんなる概念にすぎない。たんなる概念でなくリアルに経験したことのある人はコッチの世界にはいない（はずだ）。概念にすぎないものとして、他に、「神」がある。神もたんなる概念にすぎずリアルにはいない(はずだ)。このように、私たちの身の回りには、概念としてしか存在しないモノやコトが少なからずある。

豆知識

代名詞の that は前に出てきたものしか指せないが、this は前に出てきたものだけでなく、これから出てくるものも指せる。オバマ大統領がノーベル平和賞を受賞したときの演説の一節 'Let me also say this: The promotion of human rights cannot be about exhortation alone(これもいわせてください。人権というのは、声高らかにアピールするだけでは促進できないのです)' でも this はその後のコロン以下の内容を指している。

No. 100

Even people who want to go to heaven don't want to die to get there.

意訳

天国に行ってみたいという人でさえ、天国に行くために死んでみたいとは思いません。

解釈と訳のポイント

go to heaven には「天国に行く」と「死ぬ」の 2 つの意味があるが、ここでは「天国に行く」の意味で使われている。「死ぬ」の意味で解釈してしまうと、「死んでみたいという人でさえ、死ぬために死んでみたいとは思いません」という意味不明な文になってしまうからだ。文末にある to get there は、文脈から考えて、目的の意味にしかとれない。to get there の there は to heaven のこと。

Hatakeyama's Comments!

天国のようなところに行くだけなら別に死ぬ必要はなかったりする。ただ、廃人になって天国どころか地獄を見るハメになるが。田代まさししかり、清水健太郎しかり、ASKA しかり。

豆知識

天国とはどういったところなのだろうか。一般的には、天上の理想世界で、神や天使がいるところだと考えられている。ところで、宗教によって天国に対する考えやイメージが違うのだろうか。キリスト教では、信者の霊魂がずっと祝福される場所だと考えられているらしい。イスラム教だと、教えをちゃんと守った人だけがずっと生き続けられる場所だと考えられているようだ。ヒンドゥー教では、デーヴァローカ（天）が天国に相当し、仏教でもヒンドゥー教のデーヴァローカに相当する天部や天、そして浄土が天国に相当するらしい。天国がどういうところかイマイチ（というか全然）わからないが、ま、この世にある小さな天国でハッピーな気分に浸るのが合理的な生き方というものであろう。

No. 101

And yet death is the destination we all share. No one has ever escaped it.

意訳

とはいうものの、死というのは誰もが最後にたどり着かないといけない場所です。これまで誰一人として死をまぬがれた人はいないのです。

解釈と訳のポイント

And yet death is the destination we all share の 2 つ の 名 詞 the destination と we の間に関係代名詞の which が省略されている。もちろん、この省略された関係代名詞は、share の目的語として解釈する。関係代名詞の省略については 021 を参照。No one has ever escaped it の it は death を指している。escape には自動詞用法もあり、escape from の形をとることもあるが、本文を No one has ever escaped from it のように書くことはできない。他動詞用法の escape は「ある状態にならないようにする」の意味であるのに対して、自動詞用法の escape（つまり escape from）は「既にある状態にあり、そこから抜け出す」の意味であるからだ。つまり、No one has ever escaped from it と書いてしまうと、既に死んでいて、アッチの世界からコッチの世界に戻ってくるという意味になってしまうからだ。

Hatakeyama's Comments!

No one has ever escaped it を「これまで誰一人として死をまぬがれた人はいないのです」と意訳していることからわかるように、No one の No は意味的には動詞 escaped を否定している。つまり、No one の No は形の上では one を否定しているが意味的には動詞を否定している。I have nothing in my pocket（ぼくはポケットに何ももっていない）や I found Mary nowhere（メアリーを探したけどどこにも見つけることができなかった）にも同じことがいえ、nothing の no- も nowhere の no- もいずれも動詞を否定している。このような英語の「クセ」をマスターするだけで英語の読みの精度がかなりアップする。

豆知識

不老不死は不可能だ。が、アンチエイジングなら今の時代、最先端の科学技術を使えば可能になりつつある。長寿遺伝子として知られているサーチュイン遺伝子を活性化すれば若返りが可能となるのだ。サーチュイン遺伝子を活性化する薬「NMN」（若返り薬）が今注目されているが、これをメスのマウスに投与すると寿命が 16% 延びる。また、生後 22 ヶ月のマウス（人間でいうと 60 歳）に NMN を 1 週間投与すると、なんと細胞が生後 6 ヶ月の状態（人間でいうと 20 歳）になる。おばあちゃんがギャルに大変身である。不老（不死）も夢物語ではなくなりつつある。

No. 102

And that is as it should be, because Death is very likely the single best invention of Life. It's Life's change agent.

意訳

死というのはなぜそのようなものかというと、それは、死というのは、おそらく、生がつくり出した唯一にして最高の創造物であるからです。生があるから死があり、命は続くのです。

解釈と訳のポイント

as it should be で「本来あるべき姿のままで」や「そうあるべき状態で」の意味。したがって、that is as it should be は、「それは本来あるべき状態であるからそれでいいのだ」という意味になる。it は that を指していて、that は 101 の No one has ever escaped it（これまで誰一人として死をまぬがれた人はいない）を指している。よって、全体として、that is as it should be は「私たち人間は死をまぬがれることはないのだが、それはそれであるべき姿であり、何も問題はないのだ」という意味になる。because Death is very likely the single best invention of Life で because が使われているが、その理由については 037 を参照。It's Life's change agent の It は Death を指している。

Hatakeyama's Comments!

047 の 'We'd just released our finest creation the Macintosh a year earlier, and I had just turned 30. And then I got fired（そして、最高の創造物である Macintosh を世に送り出したその１年後、私は 30 歳になり会社をクビになりました）' と内容的にも文の意味的

にも呼応している。アップルがMacintoshを生み出したように生も死を生み出し、そしてMacintoshも死も最高の創造物であるのだ。さらに、ジョブズがMacintoshを生み出すのと引き換えにアップルをクビになったように、生が死を生み出すのと引き換えに生は消滅する。102は047とセットにして読みたいところだ。

豆知識

死は生からしか生まれない。一方、生は生殖活動からしか今のところ生まれない。生殖活動には、大きく2つに分けると、有性生殖と単為生殖（無性生殖）がある。有性生殖は、オスとメスが協力して生をつくることだ。一方、単為生殖は、オスなしでメスだけで生をつくることだ。爬虫類以下では単為生殖は意外とよく見られる。キリスト教ではマリアさまがキリストを処女懐胎（つまり単為生殖）したといわれているが、もし本当なら哺乳類で単為生殖した最初の事例となる。

No. 103

It clears out the old to make way for the new.

意訳

死は古いものを一掃させ、新しいものに道を譲ってくれます。

解釈と訳のポイント

主語のItは102のDeathを指している。the oldやthe newのように「the＋形容詞」で「〇〇な人」を表すものとして、他には、the richやthe poor、そしてthe braveやthe wiseがある。また「the＋形容詞」の「形容詞」には、数は限られているが、動詞から派生された形容詞（過去分詞）もなれる。たとえば、the accused（被告人）やthe loved（最愛の人）、そしてthe deceased（故人）がある。

Hatakeyama's Comments!

to 不定詞の to make way for the new を目的読みで解釈するか結果読みで解釈するかにより、死の意図性に大きな違いが生じる。つまり、目的読みで解釈するのなら、死は、新しいもののために、あえて、そしてわざと、古いものを一掃させているのだ。

豆知識

「新しいもの（the new）」とは若い人のことである。若い人がぜひやるべきものとして、ジョブズはプログラミング（コンピュータ言語）の勉強をあげている。'I think everybody in this country should learn how to program a computer. Should learn a computer language because it teaches you how to think… And so I view computer science as a liberal art. It should be something that everybody learns.（アメリカ人は皆、プログラミングをマスターすべきだと私は思っています。つまり、コンピュータ言語をマスターすべきだと思っているのです。そうすることによって思考力が鍛えあげられるからです。（中略）そのようなこともあり、私は、情報科学を教養科目の１つと捉えています。だからこそ、プログラミングは皆マスターすべきものなのです。）' 私もその通りだと思う。国を上げてグローバル化には英語力が必要だと唱えられているが、グローバル化に必要なのは、実は、英語力なんかではなくコンピュータ言語力である。さらにいうと、グローバル化で大事になってくる科目といったら、それは英語なんかではなく数学である。つまり、グローバル社会で必要となってくる力、それは、英語がしゃべれる力ではなくプログラミングができる力であり、そして空気を読める力ではなく数学的な論理的思考力である。プログラミングの重要性については、マーク・ザッカーバーグ（Facebook の創業者）も次のように言っている。'I mean, my number one piece of advice is, you should learn how to program. I mean, I think that in the future, all kinds of jobs — I mean, not even just straight engineering jobs, but all kinds of different jobs are going to involve some element of programming.（えっと、私が皆さんに一番言いたいこと、それは、プログラミングができるようになっておいた方がいいということです。つまり、将来的に、すべての職種が、プログラマーだけでなくすべての職種の人が、何らかの形でプログラミングの技術が必要とされてくるということです。）' その通りである。

No. 104

Right now the new is you, but someday not too long from now, you will gradually become the old and be cleared away.

意訳

今まさに「新しいもの」とは皆さんのことです。でも、いつの日か、しかもそう遠くないうちに、皆さんは徐々に古いものになり、そして一掃されるのです。

解釈と訳のポイント

you will gradually become the old and be cleared away の等位接続詞 and は、2 つ の 動 詞 句 gradually become the old と be cleared away を結びつけている。つまり、you will の will はこの 2 つの動詞句に共通する助動詞である。be cleared away の clear away は、103 の It clears out the old の clear out の言い換え。

Hatakeyama's Comments!

大学を卒業してからはアッという間に時間が過ぎる。私なんか、学生の頃のことなんて昨日のことのように覚えている。中学や高校の頃のことも鮮明に覚えている。ほんと、大学を卒業してからの時間の過ぎ方はハンパなく早い。だからこそ、時間を有効に使い、おっさんやおばさんになった時に「ああ、若いころ◯◯しておけばよかった」と後悔しないようにすることだ。ジョブズもこの後、まさにそういった話をする。

豆知識

人生は短い。だからこそ、やりたいことはやっておいた方がいい。でも、

「失敗したらどうしようか……」と思い、なかなかチャレンジできなかったりする。心配症の人は、エルバート・ハバードの「人が犯しがちな人生最大の過ちは、過ちを犯すのではないかと絶えず恐れることだ」ということばを口に出してみるといいだろう。あと、祐樹せつらの「成功の反対は失敗ではない。成功の反対は挫折である。成功と挫折は両極端を向いているが失敗は成功と同じ側に属している。失敗することは成功の方向性を示している。失敗することこそ成功の過程なのだ」ということばもいっしょに声に出して読んでみるといいだろう。

No. 105

Sorry to be so dramatic, but it's quite true.

意訳

感傷的な話になって申しわけありません。でも、これは事実なのです。

解釈と訳のポイント

Sorry to be so dramatic の to 不定詞は理由の to 不定詞。003 を参照。

Hatakeyama's Comments!

年をとらないとわからないことがある。その1つが「ああ、あの時思いきって◯◯しとけばよかった」と思ってももう若い時には戻れないし、おじさんやおばさんになってからでは時既に遅し、ということだ。若い時期は本当に短い。そして若い時にしかできないことはたくさんある。人生は一度きり、そして若い時は一時である。悔いのない人生を送るためにも、若い時にやりたいことは思いきってやっておくことだ。感傷的な話になって申しわけないが、これは事実だ（Sorry to be so dramatic, but it's quite true）。

豆知識

若い人に向けたスピーチで、しかも人生の「事実」を語った人に、他に、フィル・リービン（Evernote 社の創業者）がいる。同氏のスピーチはジョブズのスピーチと甲乙つけられないほどすばらしい。リービンは、2014 年に品川女子学院でスピーチをしているのだが、その特別講演で幸せな人生を送るための 3 つの秘訣（事実）を紹介している。次のものである：Step 1: Spend your life surrounded by people who you think are smarter and more interesting than you, so that you can improve yourself all the time. Step 2: The best friends that you make from these places are going to be important to you for life — for the rest of your life. Take care of those relationships. And Step 3: Don’t worry about what the market wants, don’t worry about what other people want. Build something that you want.（1 つ目：自分より賢く、そして自分より面白い人といる時間をつくりましょう。そうすれば、そういった人といっしょにいる間、自分を高めることができます。2 つ目：そうやってつくった友だちは、あなたにとって、そしてあなたの人生にとって重要になってくるでしょう。そういった自分より賢く、自分より面白い人とずっと友だちでいられるようにしましょう。3 つ目：世間が関心を寄せていることや他人が欲しがっているもの、そういったものに気をとめてはいけません。自分が欲しいと思うもの、それをつくり上げていきましょう。）本当にそのとおりである。ジョブズやリービンのスピーチに勝るとも劣らないスピーチをした人がもう 1 人いる。孫正義である。同氏は、2014 年 7 月 27 日に「トビタテ！留学 JAPAN 日本代表プログラム：第 1 期派遣留学生壮行会」で特別講演をしている。ジョブズ同様、孫も自分の生い立ちをツカミに留学の意義といったものを説いている。とてもいい。YouTube にアップされている動画を見てみるといいだろう。

フィル・リービン

孫 正義

（写真上：三井公一／アフロ）
（写真下：ロイター／アフロ）

No. 106

Your time is limited, so don't waste it living someone else's life.

意訳

時間は限られています。だからこそ、他人の人生を歩んで時間を無駄にするようなことはしないでください。

解釈と訳のポイント

don't waste it の it は Your time を指している。living someone else's life は分詞構文であり、また同族目的語構文でもある。同族目的語構文については 080 を参照。

Hatakeyama's Comments!

自分は自分、他人は他人。そう割り切っても限られた時間を有効に使うのは難しい。タイムマネジメントをしっかりやった人のみが自分の人生を謳歌できるともいえる。やる価値があり、自分がやるべきことをしっかりやっていたら時間に余裕が出てくるものだ。そうやってできたゆとりの時間を他人のために使ってみよう。きっといい人生が送れるであろう。ゆとりの時間ができないうちはまだ十分タイムマネジメントができていないということだ。そして、その段階ではまだ自分がやるべきこともまともにできていないといえる。利根川進も「人生にとってもっとも大切なのは重要な事柄以外のことは切り捨てること。プライオリティの決め方をあやまると限りある時間と労力を無駄にすることになる」と言っている。

豆知識

北野武が「思う通りにやって駄目だったらそれだけのことって納得で

きるけど、他人の言うことを聞いて駄目だったらどうにもならないよ」と言っているように、他人の言うとおりに生きてみて、それで納得できる人生が送れたらいいが、そうでなかったら「俺の人生、誰のための人生だったのか……」ということになってしまう。

No. 107

Don’t be trapped by dogma which is living with the results of other people’s thinking.

意訳

他人の考えに振り回されて生きるなんていうドグマにとらわれてはダメなのです。

解釈と訳のポイント

dogma に冠詞がついていないので、ここは dogma の後ろにコンマをうって関係代名詞の非制限用法で書いた方がいいかもしれない。関係節内の living with the results of other people’s thinking は、意味的には 106 の living someone else’s life と同じ。すなわち、107 は 106 の don’t waste it living someone else’s life を言い換えたものだともいえる。

Hatakeyama’s Comments!

他人の価値観とは、別のことばで言い換えれば、それは世間体や人の目、そして常識であるが、こういったものを意識せず己の道を行くにはかなりの精神力がいる。人生を諦観するぐらいの達観した人生観をもたないとまず無理である。それを可能にしてくれているのが、他ならぬ、ジョブズも嵌った禅の教えだったりする。ジョブズと禅の関係については 066 も参照。ジョブズは禅に傾倒していたこともあり、20代の頃には既に人生を諦観していた。実際、ジョブズは27歳の時に次のようなことを言っている。‘One of the things that I had in my mind growing up I don’t know how it got there was, but that the world was sort of something that happened just outside your peepers, and you didn’t really try to change it.（成長の過程で私が会得したものの1つ、それは、どうやって私は悟ったのかわかりませんが、世界というのは、自分の知らないところでつくられ、自分がどうあがいてもどうすることもできないものだということです。）’世の中には、自分の力で変えられるものと変えられないものがある。変えられるものは全力で変えていき、そうやってジョブズは（自分の出生など）変えられないものを受け入れられるだけの精神力を身につけていったのではなかろうか。

豆知識

ドグマとは宗教や宗派における教義のことであるが、これから派生して、独断や偏見、そして教条主義を意味することがある。ここでは「柔軟性を欠く融通の効かない信条」ぐらいの意味で使われている。「大功を成す者は衆に謀らず」ということばがあるが、とくに、すごい仕事をするにあたっては、他人の考えはテキトーにスルーしておいた方がいいかもしれない。他人の声に耳を傾けたり、他人の考えに振り回されていると、自分らしい生き方ができなくなるばかりか、でかい仕事もできなくなってしまう。色川武大（小説家・雀士）も「勝負の世界で生き抜くには、自分のスタイルを保持しなければならない」と言っているし、アナトール・フランス（フランスの作家）は「もし5000万人の人間が口をそろえてバカなことを唱えたとしても、それはやはりバカなことでしかない」と言っている。みんな言っているから正しいとも限らない。みんなと違う、自分だけの人生を歩みたければ、自分のスタイルを貫くしかない。

No. 108

Don't let the noise of other's opinions drown out your own inner voice.

意訳

他人の声という雑音によって自分の内なる声がかき消されてしまってはダメなのです。

解釈と訳のポイント

drown out で「ある音が別の音を消す」の意味。女性用トイレにある「音姫」は、まさに、諸々の音を drown out する機器である。

Hatakeyama's Comments!

let が使われていることからわかるように、とかく人は他人の意見に流れやすく、自分の意見より他人の意見に従いやすい。余程気をつけないと、自分の意志でなく他人の意思で自分の人生を生かされてしまう。ゲーテも「一番大切なものごとが一番大切ではないものごとに左右されてはならない」と言っている。

豆知識

ジョブズは、自分の考えと直観を重要視していた。その考えがアップル復帰後のスローガン「Think different」にも表されている（このスローガンそのものが Think different のたまものである）。Think different というポリシーがあったからこそ、スケルトンで、しかも丸みを帯びたカラフルな iMac が生まれたのだ。iMac のデザインをはじめ、ジョブズはデザインには妥協を許さなかった。

NeXT の時のジョブズ
（AP/ アフロ）

ネクストでは、ネクストのロゴのデザインのためだけに10万ドル（約1000万円）も使ったほどである。また、膵臓ガンの手術を受けた時は、酸素マスクのデザインが気に入らないからといって、5種類の酸素マスクを持ってこさせ、その中から気にいったのを選ぶほどであった。デザイン重視で自分のセンスと直観に忠実だった人、それがジョブズである。そんなThink differentをモットーとするジョブズであるが、Think differentでない行動をとったことが一度ある。Macintoshの開発のために日本のソニーの工場を訪れたことがあるが、そこでジョブズはユニホームに感銘を受けた。アップルにユニホームを導入しようとしたが、個を尊重するアメリカゆえか、その案は却下された。その代わりジョブズは、ソニーのユニホームをデザインした三宅一生の黒いタートルネックを自分のユニホームとすることにした。それ以来、ジョブズはずっと三宅一生デザインの黒のタートルネックとリーバイスのジーンズ、そしてニューバランスのスニーカーだけを着用している（ジョブズは同じ黒のタートルネックを100着もっている）。Wear the sameである。やっぱりジョブズは変人である。ジョブズの変人ぶりについては、046も参照。

アップルでのいつもの格好

（Picture Alliance/ アフロ）

No. 109

And most important, have the courage to follow your heart and intuition.

意訳

そして、これが一番大切なことなのですが、自分で一番大事にしていることと自分の直観、これに忠実になれる勇気をもっていただきたいのです。

解釈と訳のポイント

have the courage to follow your heart and intuition の to 不定詞は同格の to 不定詞。同格の to 不定詞については 042 を参照。また have the courage to ~ で「～する勇気がある」の意味。follow your heart の your heart は 108 の your own inner voice の言い換え。have the courage to follow your heart and intuition は have the courage of your own convictions（自分が正しいと思っていることを行う勇気をもて）に書き換えることができる。

Hatakeyama's Comments!

「自分で一番大事にしていること」とは自分が一番好きなこと。そして自分の直感とは、結局、これも好き嫌いで判断できること。つまり、やりたくないことを無理してやるな、ということである。「無理と無理矢理は禁物」が私のモットーであるが、「できる範囲内のことを、そしてやりたいことだけをやっていればうまくいく」というのが真意である。

豆知識

アインシュタインは「理詰めで物事を考えることによって新しい発見をしたことは私には一度もない」とも言っている。さて、108 の「豆知識」でも紹介した Think different であるが、この Think different の CM が秀逸である。アインシュタインをはじめ、ピカソやガンディ、そしてジョンレノンなども出てくる。その CM で流れる宣伝文句がこれである：'Here's to the crazy ones. The misfits. The rebels. The troublemakers. The round pegs in the square holes. The ones who see things differently. They're not fond of rules. And they have no respect for the status quo. You can quote them, disagree with them, glorify or vilify them. About the only thing you can't do is ignore them. Because they change things. They push the human race forward. While some may see them as the crazy ones, we see genius. Because the people who are crazy enough to think they can change the world, are the ones who do.（クレージーな人たちがいる。社会不適合者に反逆者、そして問題児。四角い穴に丸い杭を打ち込もうとし

ている人たち。物事を違ったふうに見る人たち。そういった人たちは規則で縛られるのを嫌う。現状に甘んじることができない人たちである。そういった人たちのことばに感銘を受けることがあれば、彼らを否定する人たちもいる。さらに、そういった人たちを褒め称える人がいれば、ボロクソに言う人もいる。ただひとついえること、それは、そういった人たちを無視することができないということだ。なぜならば、彼らは変える力をもっているからだ。彼らは人類の歴史を書き換えている。彼らのことをクレージーなヤツらという人がいる。でも私たちは彼らを天才とよぶ。世界を変えられると本気で思っている人たち、そういったクレージーな人たちが本当に世界を変えることができるのだ。)' CM 史上最高の CM だと思う。この CM を皮切りにアップルは息を吹き返す。

No. 110

They somehow already know what you truly want to become. Everything else is secondary.

意訳

自分にとって大切なものと直観、この 2 つは、あなたが本当になりたい自分というのを既に知っているはずです。自分にとって大切なものと直観、これ以外のものは二の次でいいのです。

解釈と訳のポイント

主語の They は 109 の your heart and intuition を指している。know の目的語は what you truly want to become で、become の補語は what。Everything else is secondary の最後に except for them を補って解釈してやる。もちろん、except for them の them は They somehow already know what you truly want to become の They、すなわち 109 の your heart and intuition を指している。

Hatakeyama's Comments!

自分の気持ちに正直になれば、つまり何をやっている時に幸せを感じるか、それを考えれば、おのずとなりたい自分をイメージできるというものだ。自分にとって大切なものと直観、これを第一に考えないとなりたい自分にはなれないということだ。

豆知識

西洋思想は合理的で論理的な考えを重んじる。一方、東洋思想は直観や経験を重んじる。ジョブズは、既に見たように、禅をはじめとして東洋思想に嵌っていた。だからこそ、直観と経験を重んじていたのだ。直観の重要性については 027 を参照。経験の重要性については 041 を参照。

No. 111

When I was young, there was an amazing publication called *The Whole Earth Catalog*, which was one of the “bibles” of my generation.

意訳

私がまだ若かりし頃、『全地球カタログ』というすごい雑誌がありました。これは私の世代ではバイブル的な存在でした。

解釈と訳のポイント

called The Whole Earth Catalog の前に which was を補って解釈してやる。「関係代名詞＋ be 動詞」はよく落ちることに注意。063 を参照。The Whole Earth Catalog, which was one of the “bibles” of my generation の which was も落とすことができる。ただし、落と

した場合、The Whole Earth Catalog, one of the “bibles” of my generationのコンマは同格のコンマとして機能する。*The Whole Earth Catalog,* which was one of the “bibles” of my generationは関係代名詞の非制限用法を使って書かれているが、それは、固有名詞は関係代名詞の制限用法を使って修飾することができないからだ。蛇足ではあるが、『全地球カタログ』はThe Whole Earth CatalogであってThe Whole Earth Catalogueではない。つまり「カタログ」はcatalogであってcatalogueではない。『全地球カタログ』はアメリカで刊行されていたこともあり、イギリス英語のcatalogueではなくアメリカ英語のcatalogが使われていたのであろう。

Hatakeyama's Comments!

私が学生の頃はバブルの時ということもあり、ファッション誌のような軽薄短小な雑誌が若者の「バイブル」であった。そんな時代ではあったが、私はよく『週刊プレイボーイ』を愛読していた。そして、国際政治や文章の書き方、エンターテイメントとしての文章というものをいろいろ学んだ。当時『週刊プレイボーイ』をむさぼるように読み、そしてそこからいろんなことを学んだことを思うと、当時の私にとってのバイブルは『週刊プレイボーイ』だったといえる。

豆知識

『全地球カタログ』はヒッピー向けの雑誌で、日本の雑誌『宝島』や『POPEYE』にも影響を与えたといわれている。『全地球カタログ』はカウンター・カルチャーのバイブルで、次の７つの章からなっていた：「ホールシステムを理解する」「シェルターと土地の利用」「インダストリーとクラフト」「コミュニケーション」「コミュニティ」「遊牧」「ラーニング」。章立ては固定されておらず、「サステイナビリティ」や「セックス」といった章も付け加えられたりした。

『全地球カタログ』

Photo by Whole Earth Catalog

No. 112

It was created by a fellow named Stewart Brand not far from here in Menlo Park, and he brought it to life with his poetic touch.

意訳

その『全地球カタログ』という雑誌ですが、ここからそう遠くないメンロパークで、スチュワート・ブランドという人物によってつくられていました。ブランドは、詩的なタッチで『全地球カタログ』に命を吹き込み、すばらしい雑誌に仕上げていました。

スチュワート・ブランド

解釈と訳のポイント

主語のItとhe brought it to lifeのitはともにThe Whole Earth Catalogを指している。It was created by a fellow named Stewart Brand not far from here in Menlo Parkのnamedの前でwho wasが省略されている。not far from here in Menlo Parkは場所を表す副詞であるので、It was createdのwas createdを修飾している。bring ~ to lifeで「～を活気づかせる」の意味。

Hatakeyama's Comments!

詩的なタッチ（poetic touch）という言い方がいかにもジョブズらしい。こんなところにも、ジョブズの文系的なセンスを、そして広い意味でのデザインへのこだわりを感じとることができる（108も参照）。デザインといえば、アップルの製品は何もかもすばらしい。

（写真:AP/アフロ）

梱包の箱にしてもスタイリッシュである。アップルのデザインはジョナサン・アイブが統括しているが、アップル（つまりジョブズ）の精神（つまりミニマリズム）がそのままアップルの製品のデザインとなっている。ふつう、構造が機能を決定するものだが、アップルの製品は、すべて、機能が構造を決めている。つまり、製品のコンセプトが製品の形状（つまりデザイン）を決めている。これはジョブズの次のことばからもわかるであろう。“Design is the fundamental soul of a man-made creation that ends up expressing itself in successive outer layers of the product or service.（デザインとは、人間が創りだしたもののもっとも重要なものが外装やサービスの形で現れたものだ。）”

ジョナサン・アイブ

豆知識

メンロパークはジョブズとウォズニアックにとって縁のある場所だ。アップルを設立する前、2人は、ゴードン・フレンチの自宅ガレージで行われていたホームブリュー・コンピュータ・クラブ（Homebrew Computer Club）というコンピュータおたくの集まりに参加していた（とはいうものの、ジョブズは数回しか参加していない）。その集まりでジョブズとウォズニアックはApple-Iをお披露目しているのだが、このクラブ（すなわちフレンチの自宅）があったのがメンロパークである。Apple-Iについては045を参照。ホームブリュー・コンピュータ・クラブでのジョブズとウォズニアックの様子については、『スティーブズ 1.』（小学館）を参考にすることをお勧めする。

（写真:AP/アフロ）

No. 113

This was in the late 60s, before personal computers and desktop publishing, so it was all made with typewriters, scissors, and Polaroid cameras.

意訳

これは1960年代後半の話でして、まだパーソナル・コンピュータもデスクトップ・パブリッシングもない頃のことです。そういうこともあり、『全地球カタログ』は、タイプライターやハサミ、それにポラロイドカメラを使ってつくられていました。

解釈と訳のポイント

scissorsは常に複数形の形で使う。なぜならば、ハサミは刃が2つあってはじめてハサミとして機能するからだ。同じことがglasses（メガネ）やtrousers（ズボン）、そしてpants（パンツ）やpanties（パンティ）にもいえる。

Hatakeyama's Comments!

私は1966年生まれだが、これまで世の中が変わっていくのを目の当たりにしている。コンビニが町中に出現するのを目の当たりにしているし、シェイクが発売され、あの食感に衝撃を覚えたのを今でも鮮明に覚えている。また、コンピュータが社会に浸透していくのをリアルに経験しているが、ここ40年ぐらいで現代社会は一気に変わったと思う。40年前の昭和の人が現代にタイムスリップしたら何がなんだかわからないのではなかろうか。

豆知識

「デスクトップパブリッシング」はよくDTPと略され、「机上出版」と訳されたりする。版下の作成までコンピュータで行うことをいう。つまり、出版物の原稿の作成から編集、さらにはデザインやレイアウトまでほとんどすべての作業をコンピュータで行うことをいう。「ポラロイド」とはポラロイド社のインスタントカメラのこと。「インスタントカメラ」という名称からわかるように、撮ったその場で写真を見ることができる。

ポラロイドカメラ

No. 114

It was sort of like Google in paperback form, 35 years before Google came along.

意訳

『全地球カタログ』は、ちょうど、グーグルのペーパーバック版といった感じのものでした。グーグルが世に現れる35年も前のことですが。

解釈と訳のポイント

sort of で「多少」「いわば」「まぁ」の意味。Hatakeyama is sort of crazy（ハタケヤマはちょっと頭がおかしい）のような使い方をする。また、Hatakeyama is sort of a crazy のような感じで、a（n）+ 名詞の前でも使われたりする。come along で「（ひょっこり）現れる」の意味。Hatakeyama came along（ハタケヤマがひょっこり現れた）のような感じで使われる。

Hatakeyama's Comments!

皆、何か調べようと思ったら（事典を紐解くのではなく）まずウェブを使うかと思う。その時お世話になるのがGoogleである。Googleというと、こういった検索のサービスを無償で提供しているだけでなく、Google EarthやGoogle翻訳、そしてストリートビューやGoogle日本語入力なども無償で提供してくれている。無償であるからこそ、皆どんどん利用する。そして、私たちが利用すれば利用するほど、私たちの生活はGoogleに管理されるようになる。これまで人類が築いてきた知的財産のほとんどが、そして人類の歴史そのものがGoogleによって集約されようとしているのだ。Google、恐るべき企業である。インタビューで 'Where do you go from here? What do you see yourself doing in 10 or 20 years?（Googleは今後、どういった方向に進まれるのでしょうか。10年ないし20年後、どんなことをしていると思われますか）' と質問され、ラリー・ペイジ（Googleの創業者の1人）は次のように答えている。'I think Google is great because it's basically artificial intelligence would be the ultimate version of Google.（Googleのすばらしいところ、それは、基本的に、Googleは最終的に人工知能になろうとしているところだと思うのです）' そのような企業精神のもと、Googleは、2013年5月には、NASA（米国航空宇宙局）と共同で量子人工知能研究所を設立しているし、さらに、2014年1月にはDeepMind Technologies社（人工知能関連ベンチャー企業）を4億ドルで買収している。あらためて、Google、恐るべき企業である。

豆知識

『全地球カタログ』は、ある意味、通信販売のカタログである。『全地球カタログ』自体が通販をすることはなかったが、カタログにある商品が欲しければ、直接業者に問い合わせるか、メンロパークにあるホール・アース・トラック・ストアに行けば購入することができた。その意味では、『全地球カタログ』はGoogleのようなものというよりはAmazonのようなものだったといえる。

No. 115

It was idealistic, overflowing with neat tools and great notions.

意訳

『全地球カタログ』は最高の雑誌で、どのページもクールなガジェットやイカしたことばで満ち溢れていました。

解釈と訳のポイント

主語の It は The Whole Earth Catalog を指している。overflowing with neat tools and great notions は、as it overflowed with neat tools and great notions というように、分詞構文を使わないで書くこともできる。この場合、接続詞の as は「～ので」という理由の意味をもつ。万能の接続詞 as については 049 を参照。

Hatakeyama's Comments!

overflow で「満ち溢れる」の意味だが、ある構文を使うことによって「満ち溢れる」の意味が出ることがある。たとえば、Yuji sprayed paint on the wall と Yuji sprayed the wall with paint はともに「ユウジが壁にペンキを塗った」と訳せるが、Yuji sprayed paint on the wall と Yuji sprayed the wall with paint ではどこまで塗ったかで違いが見られる。Yuji sprayed paint on the wall は壁の一部に塗り残しがあってもいいが、Yuji sprayed the wall with paint は壁全体が塗られていないといけない。つまり、Yuji sprayed the wall with paint のように、動詞の後ろに場所の表現がくると「満ち溢れる」の読みが要請されるのだ。Taro loaded cartons onto the truck と Taro loaded the truck with cartons にも同じことがいえる。Taro loaded cartons onto the truck はトラックがダンボールでいっぱいになっていなくてもいいが、Taro loaded the truck with cartons ではトラックがダンボールでいっぱいになっていないといけない。

豆知識

ジョブズは『全地球カタログ』をグーグルのようなものだと評していることからわかるように（114 参照）、『全地球カタログ』をイノベイティブ（革新的）なものだと考えている。さて、第 1 話で「点と点を結ぶ」話を紹介したが、ジョブズは、1982 年の Academy of Achievement で既に「点と点を結ぶ」話をしている。'But the key thing is that if you're gonna make connections which are innovative, you've to connect two experiences together, that you have to not have the same bag of experiences as everyone else does, or else you're going to make the same connections, and then you won't be innovative, and then nobody will give you an award.（ただ、ここで大事なことがありまして、それは、革新的な結びつけをしようと思ったら、2 つの経験を結びつけないといけないのですが、他の人と同じような経験を結びつけてもダメだということです。そんなことをしても、他の人と同じような結びつけしかできず、革新的な結びつけはできないのです。そもそも、そうしたところで、誰もあなたのやったことに対して賞賛してくれないでしょう。）' ジョブズは、イノベイティブなものをつくるには、他人とは違うことを経験し、そうして得られた経験を結びつけることだと言っているのである。経験の重要性については 041 も参照。

No. 116

Stewart and his team put out several issues of The Whole Earth Catalog, and then when it had run its course, they put out a final issue. It was the mid1970s, and I was your age.

意訳

『全地球カタログ』はそれなりに続きましたが、ひと通りやり終えたところで最終号を迎えました。1970 年の半ばの頃のことで、私が皆さんの年の頃です。

解釈と訳のポイント

put out が 2 度出てくるが、いずれも publish（刊行する）の意味。run one's course で「(病気などが) たどるべき経過をたどる」の意味。このことから、『全地球カタログ』は紆余曲折を経ながら刊行されていたのがわかる。

Hatakeyama's Comments!

ジョブズは『全地球カタログ』を自分の人生と重ねあわせているということはないだろうか。なぜそう思うかはこの後を読んでもらえばわかってもらえるかと思う。

豆知識

『全地球カタログ』はブランド夫妻によって第 1 号が 1968 年 7 月に刊行された。第 1 号は 6 ページだけのものだった。1971 年の休刊まで総発行部数は 250 万部にまでなった。

No. 117

On the back cover of their final issue was a photograph of an early morning country road, the kind you might find yourself hitchhiking on if you were so adventurous.

意訳

最終号の裏表紙に、早朝の田舎道の写真があったのですが、それはちょうど、皆さんが冒険心をもってヒッチハイクしていたら目にするようなものでした。

解釈と訳のポイント

On the back cover of their final issue の their は、話の流れから、116 の Stewart and his team を指している。a photograph of an early morning country road, the kind you might find yourself hitchhiking on if you were so adventurous の road の後ろにあるコンマは同格のコンマ。a photograph of an early morning country road と the kind you might find yourself hitchhiking on if you were so adventurous が同格の関係にある。the kind you might find yourself hitchhiking on では、2 つの名詞 the kind と you が連続している。この 2 つの名詞の間には関係代名詞の which が省略されているが (021 を参照)、この省略された関係代名詞は hitchhiking on の on の目的語として機能している。if you were so adventurous は仮定法過去で現在の仮定の話。

Hatakeyama's Comments!

On the back cover of their final issue was a photograph of an early morning country road, the kind you might find yourself hitchhiking on if you were so adventurous（＝117）はもともとA photograph of an early morning country road, the kind you might find yourself hitchhiking on if you were so adventurous, was on the back cover of their final issueといった文であった。そして場所の表現on the back cover of their final issueと主語a photograph of an early morning country road, the kind you might find yourself hitchhiking on if you were so adventurousを動詞wasを軸にして逆転させている。このようにしてできた文を場所倒置構文という。英語は、旧情報を担うものを文頭に、そして新情報を担うものを文末に置く。そして、英語では、定冠詞をともなう表現は旧情報を担い、不定冠詞をともなう表現は新情報を担う。だからこそ、A photograph of an early morning country road, the kind you might find yourself hitchhiking on if you were so adventurous, was on the back cover of their final issueをあえてOn the back cover of their final issue was a photograph of an early morning country road, the kind you might find yourself hitchhiking on if you were so adventurous（＝117）の語順に変えているのだ。

豆知識

ヒッチハイク（hitch hike）とは、車にただで乗せてもらって目的地（の途中）まで送ってもらうこと。車を停めるときは親指を立てる。当たり前だが、親指を下に向けてはいけないし、親指以外の指（とくに中指）を立ててはいけない。ヒッチハイクで旅することをヒッチハイキング（hitchhiking）といい、そのようにして旅する人をヒッチハイカー（hitch hiker）という。ヒッチハイキングの番組として『進め！電波少年』の「猿岩石のユーラシア大陸横断ヒッチハイク」が有名。有吉弘行がヒッチハイカーとして出演している。

No. 118

Beneath it were the words: “Stay Hungry. Stay Foolish.”

意訳

そして、その下に次のようなことばがありました。「常に挑戦者であれ。そして愚かであれ。」

解釈と訳のポイント

Beneath it were the words は 117 の文と同じく場所倒置構文である。Beneath it were the words: の it は 117 の a photograph of an early morning country road, the kind you might find yourself hitchhiking on if you were so adventurous を指している。コロンは具体例を導く標識で、その後ろに the words の具体的な内容が紹介されている。028 も参照。“Stay Hungry. Stay Foolish” では 2 回 stay が使われているが、どちらも remain で置き換えることができる。stay ~ で「~の状態のままでいる」の意味であるが、stay single（独身のままでいる）や stay cool（落ち着いている）といった形で使われる。一昔前のテレビでおなじみの「チャンネルは変えずにそのままお待ちください」は英語で Stay tuned というが、これも形としては stay single や stay cool、そして “Stay Hungry. Stay Foolish” と同じ。Stay tuned の tuned は形としては過去分詞だが形容詞として機能している。蛇足であるが、Loud Park 14（日本唯一にして最大のヘヴィメタル・フェス）の出演者インタビューで、出演者は皆、最後に Stay Metal と言っているが、これはもちろん「他の音楽に浮気するなよ！俺たちはいつだってメタルだぜ！」の意味で使われている。さて、“Stay Hungry. Stay Foolish.” の訳であるが、Stay Foolish をどう訳したらいいかでかなり悩んだ。「頭デッカチになるな」にしようかと思ったが、スピーチでのことばとしては軽すぎるのでボツにした。ジョブズは、結局、Stay Foolish のことばに、「頭デッカチになるな」とか「無知であれ」とか「理屈っぽくなるな」とか「若い時の気持ちを忘れるな」といった思いを込めている。そこで、ベタな案ではあるが、これらの思いを代表するものとして「愚かであれ」にした。

Hatakeyama's Comments!

『全地球カタログ』の最後の裏表紙にあった早朝の田舎道の写真、この田舎道が、まさに、ジョブズが歩んできた人生である。ジョブズは、実際、冒険心をもってアップルを起ちあげ、そして IT 業界に太くて長い 1 本の道を切り開いてきた。だからこそ、田舎道の写真の下にある “Stay Hungry. Stay Foolish.” はジョブズのことばでもあるのだ。“Stay Hungry. Stay Foolish.” はスチュワート・ブランドのことばではあるが、ジョブズの気持ちを十分代弁してくれているのだ。

Photo by Whole Earth Catalog

豆知識

実は、“Stay Hungry. Stay Foolish.” が掲載されていたのは『全地球カタログ』の最終号ではない。1971 年に最終号が出ているが、実はその 3 年後に『ホール・アース・エピローグ』というのが出ていて、その特別号の裏表紙に “Stay Hungry. Stay Foolish.” がある。この辺りの詳しい情報については『スティーブ・ジョブズ：青春の光と影』（東京電機大学出版局）を参照されたい。

No. 119

It was their farewell message as they signed off.

意訳

このことばはスチュワートたちによる、まさに最後のお別れのことばでした。

解釈と訳のポイント

主語の It は 118 の “Stay Hungry. Stay Foolish” を指している。their farewell message の their は 116 の Stewart and his team を指している。同じく、as they signed off の they も Stewart and his team を指している。farewell は「別れのことば」の意味で、A Farewell to Arms『武器よさらば』（ヘミングウェイの小説の題名）の Farewell と同じ。as they signed off の as は「〜した時」の意味の接続詞。接続詞 as の解釈については 049 を参照。sign off で「ペンを置く」の意味。

Hatakeyama’s Comments!

ジョブズが『全地球カタログ』と自分の人生を重ねあわせているとしたら、“Stay Hungry. Stay Foolish.” はジョブズのお別れのことばでもあるといえる。

豆知識

ジョブズは膵臓の手術をした後、肝臓の移植も行っている（002 参照）。現アップル CEO のティム・クックは、ジョブズと血液型が同じだったこともあり、ジョブズに肝臓の提供を申し出る。しかし、ジョブズは申し出を断る。美談である。『Becoming Steve Jobs: The evolution of

ティム・クック

a reckless upstart into a visionary leader』(Sceptre) を参照。もし、ジョブズをアップルから追い出したジョン・スカリーや、ジョブズがアップルから追い出したギル・アメリオから肝臓提供の申し出があればもっと美談だったが……(068 も参照)。さて、ティム・クックだが、2014 年には同性愛者であることをカミングアウトし、2015 年 3 月 29 日には、ほぼすべての資産を寄付すると発表している。

(写真:UPI/ アフロ)

No. 120

Stay Hungry. Stay Foolish. And I've always wished that for myself.

意訳

「常に挑戦者であれ。そして愚かであれ。」このことばを私は、ずっと、自分自身に対して言い聞かせてきました。

解釈と訳のポイント

I've always wished で述部副詞 always が have と過去分詞の間にあるが、これについては 047 参照。wished の目的語 that は Stay Hungry. Stay Foolish を指している。

Hatakeyama's Comments!

"Stay Hungry. Stay Foolish." のことばがジョブズをジョブズたらしめてきた。でも、第 2 話の話などを総合的に考えると、ジョブズの生きる指針となることばは、おそらく、Don’t Lose Faith: Keep Looking and Don’t Settle であっただろう。Don’t Lose Faith については 070 を、Keep Looking and Don’t Settle については 076, 079 を参照。

豆知識

ラルフ・エマーソン（詩人）が次のように言っている。「成功とは何か。よく笑うこと。知的な人からの尊厳を得て、子どもたちに好かれること。よい評論家に認められ、見せかけの友人の裏切りに耐えられること。美しいものがわかり、他人のよいところを見つけられること。この世を少しでもよいものにして去ること。それが元気な子どもを育てることや庭を造ることでも、社会問題を解決することでもよい。そして、たった 1 人でもいいから、私の存在によって、心が安らいだ人がいるということを知ること。それができたら、人生は成功だったと言える。」つまり、成功者とは成幸者ということだ。

No. 121

And now, as you graduate to begin a new, I wish that for you. Stay Hungry. Stay Foolish.

意訳

今日、皆さんは大学を卒業され、これから新しいものとなります。だからこそ、皆さんにこのことばを捧げます。「常に挑戦者であれ。そして愚かであれ。」

解釈と訳のポイント

as you graduate to begin a new の接続詞 as は理由の意味を表している。接続詞 as については 049 を参照。to begin a new は結果の読みで解釈する。つまり、目的の読みでは解釈しない。「新しいものになるために大学を卒業する」わけではないからだ。I wish that for you は 120 の I've always wished that for myself に呼応している。

Hatakeyama's Comments!

「君たちは君たちの自分だけの田舎道をつくれ。俺のつくった田舎道を歩くようなことはするな。自分の人生は自分でつくりあげろ」というジョブズの内なる声が聞こえてきそうだ。

豆知識

ジェフ・ベゾス（Amazon の創業者）とピエール・オミダイア（e-Bay の創業者）は、若い人ならびに後進へのアドバイスを求められて次のように言っている。ベゾス曰く 'Do something you're very passionate about, and don't try to chase what is kind of the "hot passion" of the day.（自分が一番やりたいことをやってください。流行っていることに便乗してはダメです）'、そしてオミダイア曰く 'If you're passionate about something and you work hard, then I think you'll be successful.（一番好きなことを一生懸命やっていれば、必ずや、ハッピーな人生を送れます）'。いずれもジョブズと相通じるものがある。いま一度、074-075 の 'The only way to be truly satisfied is to do what you believe is great work, and the only way to do great work is to love what you do（自分の人生に満足できる唯一の方法、それは、自分で最高だと思えることをすることであり、最高の仕事ができる唯一の方法、それは自分のすることを愛することなのです）' を思い返してもらいたい。

No. 122

Thank you all very much.

意訳

ご清聴まことにありがとうございました。

解釈と訳のポイント

you all は、もちろん、スピーチを聴いてくれた卒業生全員を指している。

Hatakeyama's Comments!

私だけでなく皆さんも心の中で I thank you very much と言っていることであろう（Thank you very much でなく主語をつけた完全な形にしている理由については 002 を参照）。もちろん、I thank you very much の you はスティーブ・ジョブズを指している。ジョブズさん、本当にすばらしいスピーチをありがとう！

豆知識

Thank you も「ありがとう」も感謝のことばである。「ありがとう」一口に出して言いたいのになかなか言えないことばだったりする。「ありがとう」ということばを口にするのは意外と勇気とエネルギーがいる。人は 1 人では生きていけない。これは真実である。いろんな人、いろんなものに感謝する気持ちを忘れてはいけない。この世で一番不幸な人は感謝の心のない人だとどこかで聞いたことがある。北米ミンカス族の格言に「感謝する理由が見つからなければ落ち度はあなた自身にある」というのもある。

スティーブ・ジョブズの卒業式での スピーチ（スタンフォード大学）

どうもありがとう。

私は今日、世界で最高の大学の１つであるスタンフォード大学の卒業式で皆さんとごいっしょでき光栄に思います。実は私、大学を出ていません。そのようなこともあり、この場が、私にとって人生で一番卒業式に近づいた場ということになります。今日ですが、私はみなさんに、人生から学んだ３つのことをお話ししたいと思います。それだけです。たいした話はしませんから。ほんとたった３つの話しかしませんから。

最初の話は点と点をつなぐということです。私は入学して６ヶ月後にはリード大学を中退しました。でも、その後 18 ヶ月かそこらモグリで大学内をうろちょろしていまして、その後本当に大学を去りました。で、私がなんで大学を中退したかって？

私が大学を中退するのは私が生まれる前から既に決まっていたのです。私の生みの親は若く、そして未婚の大学院生の時に私を生みました。でも、私の生みの親は、私がまだ生まれる前から私を養子に出すと決めていたのです。私の生みの親は、私を大学出の夫婦にしかあげないと強く意を決していました。そのようなこともあり、私が生まれたらすぐに弁護士夫婦にもらわれるよう、何もかもお膳立てされていました。でも、私が生まれたら、その弁護士夫婦は最後の最後になって、実は女の赤ちゃんが欲しかったのだと言い出したのです。

私の育ての親なのですが、養子縁組の希望を申請していまして、それで真夜中に電話がありました。「もらいてのない男の赤ちゃんがいますが、その子を引き取られますか？」というものです。それに対して私の育ての親は「もちろんです」と応えました。ただ、私の生みの母親は、その後、私の育ての母親が大学を出ていないということを、そして私の育ての父親は高校すら出ていないということを知ってしまうのです。そのようなこともあり、私の生みの母親は、養子縁組の最終書類にサインすることを強く拒みました。しかし、その後数ヶ月して、私の育ての親が、私を大学へ行かせると確約してくれたこともあり、私の生みの母親は態度を軟化させました。これが私の人生の始まりなのです。

そして17年後、私は本当に大学に入ったのです。しかし私は、考えが甘かったのですが、スタンフォード大学並に授業料の高い大学を選んでしまったのです。そのようなこともあり、ブルーカラーの私の両親の全財産は、どんどん私の授業料で消えていってしまったのです。入学して6ヶ月、私は大学に価値を見出すことができませんでした。自分はこれから何をしたいのかわかりませんでした。また、大学が私にそれをわからせてくれるようにも思えませんでした。そうやって私は、両親が一生かけて貯めてくれたお金を全部大学で使い切ろうとしていたのです。

そこで私は、大学を辞めると意を決し、そしてこれでいいんだと自分に言い聞かせました。当時、私はかなり怖かったです。でも、あとで振り返ってみると、大学を中退したことは、これまで私が下してきた決断のなかでも最良のものでした。大学を辞めたと同時に、私は、興味のない必修科目の授業に出る必要がなくなりました。その代わり、私は、自分にとってずっと興味深く感じられる授業をいくつかモグリで聴講することにしました。

とはいうものの、何から何までハッピーだったというわけではありません。私は寮に泊まれなくなったこともあり、友人の部屋の床に寝かせてもらいました。食べ物を得るために、コーラの瓶を返却しては5セントもらっていたり、週に一度だけまともな食事にありつくため、クリシュナ寺院まで毎週日曜日、7マイル歩いたものです。でも、こんな生活が私は大好きでした。そして、自分の関心と直観に従ってとった行動のほとんどが、その後、私にとってかけがえのないものとなっているのです。

具体的な話を1つ紹介しましょう。当時リード大学は、アメリカでもおそらく1番のカリグラフィの授業をしていました。リード大学のキャンパスのどこもかしこも、どのポスターも、そしてどの引き出しについているどのラベルも、すべて手書きですばらしいカリグラフィが施されていました。私は大学を辞めて通常の授業をとる必要もなくなったので、カリグラフィの授業をとってカリグラフィのやり方を学ぼうと意を決しました。セリフのついたフォントとそうでないフォントについて、文字と文字の間のスペースをどう調整したらいいかについて、そして、このすばらしいカリグラフィがなぜかくもすばらしいのかについて学びました。カリグラフィは美しく、歴史があり、そして科学では捉えることのできない美的な繊細さをもつこともあり、私はカリグラフィの虜になってしまいました。

私の人生でこれが実際に役に立つかどうかはまったくわかりませんでした。でも、10年後、マッキントッシュを開発していた時に、その時学んだことがすべて思い出されたのです。そして、学んだことすべてをMacに注ぎ込んだのです。そうやってMacは美しいフォントをもつ世界で最初のコンピュータとなったのです。もし私がカリグラフィの授業にモグることがなかったら、Macは多彩なフォントをもつことがなければ、文字間の調整がとれたフォントをもつこともなかったでしょう。それに、Windowsはたんなる Macのパクリですから、もし私がリード大学でカリグラフィの授業にモグることがなかったら、今あるどのパソコンも、多彩なフォントをもつことがなければ、文字間の調整がとれたフォントをもつこともないでしょう。つまり、もし私が大学を中退していなかったら、私はカリグラフィの授業をまず聴講することはなかったでしょうし、今あるコンピュータは、このようなすばらしいフォントをもつこともないということです。もちろん、私が大学にいた時は、先を見越して点と点を結びつけることはできませんでした。でも、10年経って振り返ってみると、あきらかに、点と点は結ばれていたのです。

もう一度いいますが、先を見越して点と点を結びつけることはできません。後から振り返ってしか結びつけることはできないのです。だからこそ、点と点は、必ずや、将来、何らかの形で結ばれるのだということを確信してもらいたいのです。何かを信じてください。根性や宿命、そして運命やカルマ、なんでもいいのです。なぜならば、点と点がいずれ結びつくということを信じれば、必ずや自分の気持ちに正直になれるからです。そうすることにより、たとえ、普通の人とは違う人生を歩み、そして他人とはまったく違う人生を歩むようになったとしてもです。

2つ目の話は愛と喪失に関するものです。

私は人生の早い時期に自分のやりたいことを見つけられてラッキーでした。二十歳になった時、私はウォズニアックと、私の家のガレージでアップルを始めました。私たちはがむしゃらに働きました。その結果、アップルは10年で、ガレージから始まったたった2人きりの会社から、社員4000人を超える売上高20億ドルの会社にまで成長しました。そして、最高の創造物であるMacintoshを世に送り出したその1年後、私は30歳になり会社をクビになりました。

どうやったら自分がつくった会社をクビになるかって？実は、アップルが大きくなったこともあり、いっしょに会社を経営できると思われる人を雇ったのです。最初の数年はうまくいっていました。しかし、その後、会社の将来に関して、私とその人の考えが大きく変わってきてしまいました。そして最後は仲たがいをしてしまいました。喧嘩別れをしたところ、取締役会はその人の肩をもちました。そうして私は30歳になったとき、アップルから追い出されてしまったのです。しかも誰もが知る形で追い出されたのです。私は、自分の人生すべてをかけてつくり上げてきたものを失いました。しかも破壊的なまでに失いました。

数ヶ月間、私は何をしていいか本当にわかりませんでした。先輩起業家たちの期待を裏切ってしまったと思いました。つまり、渡されたバトンを落としてしまったと思ったのです。私はデビッド・パッカードとボブ・ノイスに会い、何もかもめちゃくちゃにしてしまったことをわびました。私の転落ぶりは皆の知るところとなり、私はIT業界から足を洗おうとさえ思いました。でも、ある感情がふつふつと私の中にわき上がってきたのです。これまでやってきたことをまだ好きで諦めきれない — そんな思いがゆっくりとわき起こってきたのです。これまでやってきたことを愛してやまないという気持ち、これは、アップルでどんなに痛い思いをしても、これっぽっちも変わることはなかったのです。私はクビになりました。でも、私はこれまでやってきたことが大好きでした。だからこそ私は決心したのです。もう一度チャレンジしようと。

その時はわからなかったのですが、アップルをクビになったのは、これまで私の身に起こったことのなかでも最高のことだったのです。クビになり、成功しなければいけないという重圧がなくなりました。その代わりにビギナーの身の軽さを手にすることができましたが、私は何に対しても確信をもてなくなりました。私はアップルをクビになりました。でも、そのおかげで、人生の中でもっともクリエイティブな時期を迎えることができました。

アップルをクビになって５年の間で、私は、ネクストという会社とピクサーという会社を起ちあげました。さらに、将来の伴侶となるすばらしい女性とも恋に落ちることができました。ピクサーは世界初のアニメーション映画『トイ・ストーリー』をつくるまで成長し、今では世界でもっとも成功したアニメーションスタジオとなっています。その後、すごいことが起きました。アップルがネクストを買収したのです。そのため私はアップルに戻ることになりました。ネクストで開発したテクノロジーが今行われているアップルの再生のカギとなっているのです。さらに私は、ローレンとすばらしい家庭を築くこともできました。

アップルをクビにならなかったらこれらのことは１つたりとも起こらなかったと私は確信しています。アップルをクビになったのはとんでもなくつらい経験でした。でも、私が思うに、当時の私にはそれが必要だったのです。時に人生というのは、時々、頭をガツン！とレンガで殴るようなことをします。でも、そんなことがあっても、自分の信念を曲げるようなことがあってはダメです。私は確信しているのですが、私がこうしてやってこられたのも、本当に、これまで私がやってきたことを私は愛してやまなかったからです。だから皆さんも、自分が愛してやまないことを必ず見つけてください。

仕事というのは、自分の人生の大半を占めます。そして、自分の人生に満足できる唯一の方法、それは、自分で最高だと思えることをすることです。そして、最高の仕事ができる唯一の方法、それは自分のすることを愛することです。やりたいことがまだ見つかっていないのであれば、探し続けてください。そして、絶対に妥協しないことです。好きなことすべてに言えることですが、好きなことは見つけた瞬間に「これだ！」とわかるものです。さらにいいますと、すべてのすばらしい関係にいえることですが、いい関係というのは時間とともにどんどんよくなるものです。だからこそ、やりたいことを探し続けてください。そして絶対に妥協しないことです。

私の3つ目の話は死に関するものです。

私が17歳の時、次のようなことばを目にしました。それは、「今日1日を人生最後の日だと思って過ごしていれば、いつの日かその通りになるだろう」というものです。私はこのことばに衝撃を受けました。そしてそれ以来、私は33年間、毎朝鏡に向かっては、鏡に写った自分に「もし今日が人生最後の日だとして、今日やろうと思っていることを自分はやりたいだろうか」と問いかけています。その問に対する答えがくる日もくる日も「ノー」であるのならば、何かを変える必要があります。

人生で重大な決断を下すにあたり、間違った決断をしない最良の方法、それは、自分はそう遠くないうちに死ぬということを思い返すことです。なぜならば、ほとんどすべてのことが、たとえば外からの期待であるとかいろんなプライド、それに恥をかいたらどうしようかとか失敗したらどうしようかとか、そういったことは、死を目の前にするとどこかにいってしまうものだからです。そして後には本当に大事なことだけが残るのです。人はいずれ死ぬんだと思うこと、これが、何か失ったらどうしようかと思い悩む罠にかからないための最良の方法なのです。私たちはもはや何も失うものはないのです。自分の気持ちに正直に生きない理由は何一つないのです。

1年ほど前ですが、私はガンの検診を受けました。朝7:30に断層撮影を受けました。そうしたところ、まごうことなく、膵臓に腫瘍が見つかりました。膵臓とは何かを私はその時まで知りませんでした。医者は私に、これはほぼ間違いなく治療できないタイプのものだと言いました。余命3ヶ月から6ヶ月だとも言いました。

家に帰って身辺整理をするように医者は私に言いました。つまり、「死の準備をしろ」と私に言ったわけです。これは、つまり、10年かけて子どもに伝えるべきことをたった数ヶ月で伝えないといけないことを意味します。また､残された家族が後で困らないよう、何もかも整理しておかないといけないことを意味します。つまり、家族に「さよなら」を言わなければならないということです。

私はその日１日、ずっと余命数ヶ月であることを胸に過ごしました。その日の晩、私は生体組織検査を受けました。医者は内視鏡を喉に押し込み、さらに胃から腸へと送り込み、そして膵臓に針を差し込み、腫瘍からいくつか細胞を採取しました。私は麻酔で眠っていました。妻が私の傍らにいたのですが、後で妻から聞いた話によると、採取した細胞を医者が顕微鏡で調べていたとき医者は大きな声で叫んだそうです。というのも、私のガンは膵臓ガンの中でも非常にまれなもので、手術すれば治療できるものであることがわかったからです。私は手術を受け、おかげさまで、今こうして元気な姿を皆さんにお見せすることができています。

私が死に一番近づいたものというとこれになりますが、向こう数十年はこれ以上死に近づくことのないことを願うばかりです。私にとって死というのは、これまで、使い勝手のいい、たんなる知的な概念にすぎませんでした。でも、こうやってつらい経験をしたおかげで、今では、より確実性をもって次のように言うことができます。「死にたい人なんて誰もいない」ということを。

天国に行ってみたいという人でさえ、天国に行くために死んでみたいとは思いません。とはいうものの、死というのは誰もが最後にたどり着かないといけない場所です。これまで誰一人として死をまぬがれた人はいないのです。死というのはなぜそのようなものかというと、それは、死というのは、おそらく、生がつくり出した唯一にして最高の創造物であるからです。生があるから死があり、命は続くのです。死は古いものを一掃させ、新しいものに道を譲ってくれます。今まさに「新しいもの」とは皆さんのことです。でも、いつの日か、しかもそう遠くないうちに、皆さんは徐々に古いものになり、そして一掃されるのです。感傷的な話になって申しわけありません。でも、これは事実なのです。

時間は限られています。だからこそ、他人の人生を歩んで時間を無駄にするようなことはしないでください。他人の考えに振り回されて生きるなんていうドグマにとらわれてはダメなのです。他人の声という雑音によって自分の内なる声がかき消されてしまってはダメなのです。そして、これが一番大切なことなのですが、自分で一番大事にしていることと自分の直観、これに忠実になれる勇気をもっていただきたいのです。自分にとって大切なものと直観、この2つは、あなたが本当になりたい自分というのを既に知っているはずです。自分にとって大切なものと直観、これ以外のものは二の次でいいのです。

私がまだ若かりし頃、『全地球カタログ』というすごい雑誌がありました。これは私の世代ではバイブル的な存在でした。その『全地球カタログ』という雑誌ですが、ここからそう遠くないメンロパークで、スチュワート・ブランドという人物によってつくられていました。ブランドは、詩的なタッチで『全地球カタログ』に命を吹き込み、すばらしい雑誌に仕上げていました。これは1960年代後半の話でして、まだパーソナル・コンピュータもデスクトップ・パブリッシングもない頃のことです。そういうこともあり、『全地球カタログ』は、タイプライターやハサミ、それにポラロイドカメラを使ってつくられていました。『全地球カタログ』は、ちょうど、グーグルのペーパーバック版といった感じのものでした。グーグルが世に現れる35年も前のことですが。『全地球カタログ』は最高の雑誌で、どのページもクールなガジェットやイカしたことばで満ち溢れていました。

『全地球カタログ』はそれなりに続きましたが、ひと通りやり終えたところで最終号を迎えました。1970年の半ばの頃のことで、私が皆さんの年の頃です。最終号の裏表紙に、早朝の田舎道の写真があったのですが、それはちょうど、皆さんが冒険心をもってヒッチハイクしていたら目にするようなものでした。そして、その下に次のようなことばがありました。「常に挑戦者であれ。そして愚かであれ。」このことばはスチュワートたちによる、まさに最後のお別れのことばでした。「常に挑戦者であれ。そして愚かであれ。」このことばを私は、ずっと、自分自身に対して言い聞かせてきました。今日、皆さんは大学を卒業され、これから新しいものとなります。だからこそ、皆さんにこのことばを捧げます。

「常に挑戦者であれ。そして愚かであれ。」

ご清聴まことにありがとうございました。

あとがき

私は自他ともに認めるMacおたくである。Macを使うようになって20年以上になるが、Macユーザをやめようと思ったことは一度もない。また､他のコンピュータに魅力を感じたことも一度もない。私を20年以上も虜にしているMacであるが、それだけ魅力的なのは、他ならぬ、スティーブ・ジョブズが魅力的であるからだ。

いろんな人が評するように、ジョブズは人格破綻者的なところがある。サイコパス的なところもあるし、アウトローでアナーキーなところもある。でも、そういった人間としての欠陥をも魅力的に思わせてしまえるものがジョブズにはある。頑なに自分に正直に生きようというジョブズの生き方、「何かしてやるぞ」という男のロマン、そして人生の浮き沈みを経験した男の哀愁といったものが私を惹きつけてやまない。

スティーブ・ジョブズという男に魅力を感じ、同氏を扱った本や記事をいろいろ読んだりしたが、面白いことに、本や記事の数だけジョブズ像がある。本や記事を書いた人の数だけジョブズ像があるといってもいいぐらいだ。また、興味深いことに、ジョブズについて語ると、語ったその人の人間性までも見えてくる。

私もジョブズについて何か書いたら、新しいジョブズ像を描けるのではないか、そして私の人間性も見えてくるのではないか — そういった思いで書き上げたのが本書である。本書の執筆を通して、自分自身を見つめなおし､ジョブズについてあらためて考えなおし、そしていかに生き（逝き）たらいいか考えなおすことができた。本書を読み終えた皆さんも、きっと、自分自身を見つめなおし、ジョブズについてあらためて考えなおし、そしていかに生き（逝き）たらいいか、考えるいいきっかけになったのではなかろうか。

本書から、現代のIT社会がいかにしてつくられたのか、その軌跡（と奇跡）を少しは理解してもらえたかと思う。そして、人生という限られた時間をいかに使ったらいいのか、その本質を伺い知ることもできたかと思う。さらに、世知辛く、自己実現に困難を覚える現代社会をいかに生き、残された時間をいかに生きたらいいのか、これらの問いに答えるヒントも何かしら見つけることができたかと思う。

本書を執筆するにあたりたくさんの人にお世話になった。まず、A.T. カーニーの杉野幹人氏にお礼をいいたい。同氏とはお茶飲み友だちであるが、同氏との出会いがなければ本書の刊行は100%なかった。私のジョブズ好きを誰よりも理解してくれ、本書の刊行を誰よりも応援してくれた。同氏の支えと応援がなければ本書は日の目を見ることはなかったであろう。

私の共同研究者であり畏友でもある本田謙介氏と田中江扶氏にもお礼をいいたい。本書の原稿に目を通していただき原稿の不備を指摘してもらった。本書がプロの目に叶うレベルになったのもひとえに本田氏と田中氏のおかげである。

貝森有祐氏（東京大学 大学院生）と西村優汰氏（東京工業大学 大学院生）、そして飯田岳史氏（東京農工大学 大学院生）と高橋さくら氏（東京農工大学 大学院生）にもお礼をいいたい。各氏には草稿を読んでもらい､学生の立場からいろいろ感想をもらった。

また、同僚でロック仲間の中條拓伯氏（情報工学が専門）にもお礼を言いたい。同氏にも草稿を読んでもらい、IT の専門家の立場から､そしていち読者の立場からいろいろ感想を聞かせてもらった。

川越隆裕くん（東京農工大学 学部生）と飯田悠斗くん（バリバリの現役浪人生）にもお礼を言いたい。川越くんと飯田くんにはゲラを読んでもらい、誤字脱字のチェックをしてもらった。

最後になるが、女房と息子、そして娘にも感謝したい。悪いところだけジョブズに似た私であるが、ジョブズ的な私の生き方を諦めながらも許してくれている家族に心から感謝する。本当にありがとう。

本書がジョブズのさらなる理解につながり、この世知辛い現代社会を生き抜く１つのヒントになればと思う次第である。みんながんばれ！

iTunes でボブ・ディランの『Like a Rolling Stone』聴きながら

著者

本文使用写真（本文に記載のないもの）

003 スタンフォード大学
turtix / Shutterstock.com
089 膵臓と膵管
Nerthuz / Shutterstock.com
095 内視鏡
Nerthuz / Shutterstock.com
098 iPhone 4s
Twin Design / Shutterstock.com
113 ポラロイドカメラ
Popartic / Shutterstock.com
021 ブルーボックス
Wikipedia: Blue Box at the Powerhouse Museum Photo: Maksym Kozlenko
045 Apple-Ⅰ
Wikipedia: Photo taken by rebelpilot
045 Apple Ⅱ
Wikipedia: File Apple_iieuroplus.jpg: Hellisp
047 Apple Lisa
Wikipedia: File Apple Lisa jpg: Rama
067 NeXTcube
Wikipedia: File NeXTcube.jpg: Wilhelminenzwerg
067 iMac
Wikipedia: Carl Berkeley - originally posted to Flickr as iMac G3 500Mhz (2001) "Indigo"

著者紹介

畠山 雄二（はたけやま ゆうじ）

1966年浜松市生まれ。東北大学大学院情報科学研究科博士課程修了。博士（情報科学）。現在、東京農工大学 准教授。専門は理論言語学。著書に『情報科学のための自然言語学入門：ことばで探る脳のしくみ』（丸善出版）、『ことばを科学する：理論言語学の基礎講義』（鳳書房）、『ことばの分析から学ぶ科学的思考法：理論言語学の考え方』（大修館書店）、『大人のためのビジネス英文法』（くろしお出版）ほか、多数の著書、訳書がある。また、ニコニコ生放送の「くろしおトークライブ」でパーソナリティを務めている。
ホームページ：http://www.shimonoseki-soft.com/~hatayu/

英文徹底解読《えいぶんてっていかいどく》
スティーブ・ジョブズのスタンフォード大学卒業式講演《だいがくそつぎょうしきこうえん》

2015年 7月25日 初版発行
2023年 10月 6日 第5刷発行

著者 畠山雄二《はたけやまゆうじ》

カバー・本文デザイン 竹内雄二

発行者 内田真介

発行・発売 ベレ出版
〒162-0832 東京都新宿区岩戸町12 レベッカビル
TEL 03-5225-4790
FAX 03-5225-4795
ホームページ http://www.beret.co.jp/
振替 00180-7-104058

印刷 三松堂株式会社

製本 根本製本株式会社

ISBN978-4-86064-443-7 C2082　　編集担当 綿引ゆか